Klaus Richter

MIT DEM WOHNMOBIL DURCH SCHOTTLAND

Drive & Camp Träume

Klaus Richter

Mit dem Wohnmobil durch Schottland

Edinburgh und die Lowlands
Die Highlands und die Isle of Skye

DREI BRUNNEN VERLAG · STUTTGART

Einband und Layout: Jürgen Reichert
Karten: Ingenieurbüro artic,
Karlsruhe, Duisburg
Fotos: Klaus Richter
Gestaltung: Barbara Locher,
Gabriele Muhs

Die Deutsche Bibliothek –
CIP-Einheitsaufnahme

Klaus Richter:
Mit dem Wohnmobil durch
Schottland /
Klaus Richter. – 1. Aufl. –
Stuttgart : Drei-Brunnen-Verl., 1996
(Drive- & Camp-Träume)
ISBN 3-7956-0248-3
NE: HST

ISBN 3-7956-0248-3

1. Auflage 1996

Alle Rechte dieser Ausgabe vorbehalten
© 1996 by Drei Brunnen Verlag GmbH & Co.
70191 Stuttgart, Friedhofstr. 11
Satz: Typomedia Satztechnik GmbH,
73760 Ostfildern
Druck: Offsetdruckerei Karl Grammlich,
72124 Pliezhausen

Inhalt

Der Streckenverlauf	7
Zu diesem Buch	8
Das Wohnmobil	10
Über Schottland	16
Die Anreise	19
In den Borders	21
Edinburgh – Athen des Nordens	28
River Forth und die Halbinsel Fife	40
Land der Berge und Schlösser	48
Land des Whiskys und der Schmuggler	59
Loch Ness und immer noch kein Monster	68
Die Einsamkeit des Nordens	73
Schottlands wilde Küste	84
Isle of Skye – Die Insel der Feen	94
Das Land der MacLeods, Macdonells und der Campbells	104
Helden, starke Männer und romantische Landschaften	111
Glasgow – Stadt der Gegensätze	119
Durch die Lowlands	130
Touristische Tips und Hinweise	137
Wichtige Adressen	146
Register	148

Streckenverlauf

Die Anreise
Newcastle–Carter Bar
100 km

In den Borders
Carter Bar – Jedburgh – Melrose – Inverleithen – Edinburgh
110 km

Edinburgh – Athen des Nordens

River Forth und die Halbinsel Fife
Edinburgh – Linlithgow – Stirling – St. Andrews – Dundee
240 km

Land der Berge und Schlösser
Dundee – Glamis – Glen Esk – Aberdeen
170 km

Land des Whiskys und der Schmuggler
Forvie – Fraserburgh – Pennan – Findhorn Bay
280 km

Loch Ness und immer noch kein Monster
Inverness – Foyers – Fort Augustus – Invermoriston– Inverness
110 km

Die Einsamkeit des Nordens
Dornoch – Helmsdale – Wick – John O'Groats – Bettyhill – Durness
420 km

Schottlands wilde Küste
Durness – Laxford Bridge – Ullapool – Loch Maree – Loch Torridon – Kyle of Lochalsh
410 km

Isle of Skye – Die Insel der Feen
Kyleakin – Portree – Storr – Staffin – Kilmaluag
200 km

Das Land der MacLeods, Macdonells und der Campbells
Kyle of Lochalsh – Eilean Donan Castle – Loch Cluanie – Invergarry – Fort William
170 km

Helden, starke Männer und romantische Landschaften
Moor of Rannoch – Crianlarich – Callendar – Loch Katrin – Loch Lomond – Glasgow
220 km

Glasgow – Stadt der Gegensätze

Durch die Lowlands
Glasgow – Drumlanrig Castle – Caerlaverock – Dumfries – Gretna Green
170 km

Die Rückfahrt
Gretna Green – Newcastle
100 km

Gesamtstrecke: 2700 km

Zu diesem Buch

Meine erste Erfahrung mit der schottischen Mentalität machte ich in Melrose, einem kleinen „Farmer-Village" in den Borders. In der Abenddämmerung stand ich vor dem Ortsplan am Marktplatz des kleinen Dorfes. Die Adresse, die ich suchte, war nicht eingezeichnet.

Nachdem ich die acht auf der Karte verzeichneten Straßen bereits mehrfach mit den Augen abgesucht hatte, wurde ich – vielleicht aufgrund meines völlig hilflosen Gesichtsausdruckes – von einem älteren Mann angesprochen. Obwohl er entgegen meiner Erwartung Hosen und keinen Rock trug, muß es sich wohl doch um einen Schotten gehandelt haben, denn sein Englisch, oder vielmehr das, was ich dafür hielt, war so gut wie nicht zu verstehen.

Offenbar fragte er mich auf eine schrullige, kurze, aber nicht unsympathische Art, ob er helfen könne. Die gesuchte Adresse war auch ihm unbekannt, was ihn offensichtlich etwas irritierte – zumal er, wie er mir zu erklären versuchte, schon 40 Jahre hier lebte. „Wissen Sie", meinte er nach kurzem Überlegen, „bei einem Glas Bier lassen sich Probleme doch viel besser lösen, meinen Sie nicht? Kommen Sie, ich lade Sie ein!" Das verstand ich sofort.

Noch bevor die Tür des Pubs, in den er mich führte, richtig zugegangen war, hatte er bereits zwei „pints" Bier bestellt und mein Problem an die Bar getragen. Die sieben anwesenden Zecher diskutierten sofort sehr lebhaft, was es denn nun damit auf sich haben könnte. Man bestellte eine neue Runde, führte fünf kurze Telefongespräche und machte mich mit dem Ergebnis dieser intensiven Bemühungen vertraut: Ob es denn sein könne, daß der gesuchte Mensch nicht in Melrose, sondern etwa 25 km entfernt in Jedburgh wohnt, wurde ich gefragt. Die richtige Telefonnummer wurde auch gleich mitgeliefert. Nun war es an mir, die nächste Runde zu bestellen...

Ein Fremder war ich, nicht von hier, nur auf der Durchreise, für einen oder zwei Tage. Aber gerade dies interessierte diese Menschen. Bereits am ersten Abend war ich also mittendrin – in Schottland. Das Gefühl, Außenstehender zu sein, konnte gar nicht erst aufkommen. Dabei hatte ich es ganz anders erwartet. Es heißt ja, die Schotten seien sehr sparsam, eigenbrödlerisch und pessimistisch. Und sie seien geprägt durch ihr rauhes Klima und die karge Landschaft. Auch das historische Bild der wilden Hochländer – ähnlich dem der Wikinger – trägt zu einem guten Teil heute noch zu dem Klischee von den „Schottländern" bei. Aber wie ist es denn nun – dieses rauhe Land im Norden? Ungezähmt, wild, geheimnisvoll, stürmisch, grün, steinig, einsam, lieblich, romantisch, abenteuerlich, ...?

Während meiner fünf Reisen durch die verschiedensten Regionen Schottlands versuchte ich in den letzten zwei Jahren all dem auf die Spur zu kommen. Was ich gefunden habe? Zu allen vier Jahreszeiten lernte ich die Vielseitigkeit dieses anziehenden Kulturkreises kennen. Auch das Wetter war immer für Überraschungen gut. So hatte ich

Zu diesem Buch

zwei Wochen lang strahlenden Sonnenschein auf den Shetlands und den Hebriden, erlebte aber auch den waagerecht ankommenden Regen in John O'Groats. Ich sah über schneebedeckte Weiden stapfende Schafe in den Lowlands und lag in einem Park Edinburghs im April auf der Wiese zum Sonnenbad. Unzählige Gespräche mit Farmern der Highlands, Ölarbeitern in Aberdeen oder „Gastarbeitern" aus England brachten mir die Menschen näher. Vor allem aber habe ich meine Liebe entdeckt zu einem Land, das entdeckt werden möchte.

Ich habe Ihnen, liebe Leser, eine Fahrtroute zusammengestellt, einen Reiseweg, der Sie mit den verschiedenen typischen Landschaften und Gegenden Schottlands bekannt machen soll. Unsere Reise führt durch Städte und winzige Fischerdörfchen, durch grünes Farmland und vorbei an schroffen Felsküsten, durch ein Land, in dem die Männer Röcke tragen und in dem in alten Schlössern Geister seit Jahrhunderten zum Inventar gehören. Lernen Sie dieses eigenwillige Schottland selbst kennen. Lesen Sie dieses Buch als einen Reiseführer, der Ihnen Ihre Urlaubsplanung erleichtern möchte. Die Zeit, die man normalerweise mit Routenplanung verbringen muß, können Sie für wichtigere Dinge nutzen: Verlassen Sie doch abends einmal die Campingplätze und gehen Sie dahin, wo man sich trifft, in die Pubs. Denn die Menschen gehören genauso zu einer lebendigen Kultur wie die Landschaften und die Geschichte.

Schottland vereinigt viele Gegensätze: Es ist ungezähmt, wild, geheimnisvoll, stürmisch, grün, steinig, einsam, lieblich, romantisch, abenteuerlich, ...

Finden Sie Ihr eigenes Schottland – ich wünsche Ihnen viel Spaß dabei!

Wenn man den Schätzungen des Deutschen Camping-Clubs Glauben schenken darf, dann sind jährlich etwa 1,2 Millionen Campingfahrzeuge auf Deutschlands Straßen unterwegs. Egal ob man mit Zelt und Rucksack, mit Caravan oder mit einem Wohnmobil seinem Urlaubsziel entgegen strebt, das faszinierende an dieser Art des Reisens

Das Wohnmobil

ist die individuelle Gestaltung der „schönsten Zeit des Jahres". Man muß sich an keine Buchungspläne halten und kann bleiben, wo es schön ist oder weiterfahren, wenn einem der Sinn danach steht. Das Wohnmobil bietet Ihnen darüber hinaus den Vorteil, daß Sie auf eine gewisse Bequemlichkeit nicht zu verzichten brauchen. Gerade in nördlichen Ländern ist dies ein nicht zu unterschätzender Vorteil. Denn nicht selten wird man von Regenschauern überrascht oder es gibt kältere Tage, an denen Sie ein bewegliches Dach über dem Kopf durchaus schätzen werden.

Bevor wir uns mit Größe, Art und Ausführung eines Wohnmobils beschäftigen, möchte ich auf die grundlegenden Dinge eingehen, die man bei der Übernahme eines Campers als Mietmobil beachten muß.

Mieten eines Wohnmobils

Genügend Gas (Ersatzflasche) mitzunehmen, ist äußerst wichtig. Die Anschlußstutzen für Campinggas in Großbritannien lassen sich zwar anschrauben, sind aber nicht dicht, da der Dicht-Konus innen anders geformt ist, d.h., es tritt Gas aus. Füllstationen, die in der Lage sind, mit den deutschen Anschlüssen zu arbeiten, konnte ich auch nach langem Suchen keine finden.

Lassen Sie sich das Bordwerkzeug zeigen und seinen Gebrauch vorführen. Der Hinweis, es befinde sich unter dem Sitz ist nicht ausreichend, auch wenn die Vermieter diese Dinge sehr lax nehmen. Lassen Sie sich zeigen, wie der Ersatzreifen aus der Verankerung zu lösen ist. Auch den Luftdruck des Ersatzreifens zu prüfen, ist nicht überflüssig, denn in Schottland sind an Dorftankstellen oft die Kompressoren zu schwach für den benötigten hohen Druck. Und Samstagnachmittags in Schottland einen Platten zu haben, heißt, niemanden zu finden, der einem helfen kann. Bis zu zwei Tage Wartezeit sind dann unter Umständen einzuplanen. Ebenso wichtig sind die Fragen: Sind Adapterkabel für den Stromanschluß vorhanden und ist genügend Sanitärflüssigkeit für die Toilette an Bord?

Lassen Sie sich – wenn Sie mit Wohnmobilen noch nicht vertraut sind – bei der Übernahme alle Funktionen vorführen: Standheizung, Kühlschrank, Gasanlage, Toilette und deren Leerung, Wassertanks mit Befüllung und Alarmanlage. Wichtig ist auch die Umschaltung von Gas auf 12 Volt-Bordnetz beim Kühlschrank. Insgesamt ist der Hinweis auf die Gebrauchsanleitungen nicht ausreichend, denn auch namhafte Hersteller legen oft immer noch anstelle einer einheitlichen Gebrauchsanweisung für das Fahrzeug eine Sammlung von Gebrauchs- und Einbauanweisungen einzelner Einbaugeräte (Kühlschrank, Heizung, u.s.w.) bei. Und diese sind leider allzuoft alles andere als verständlich formuliert.

Rushhour in den Highlands, Sutherland

Das Wohnmobil

Schriftliches Festhalten aller Mängel (auch der kleinen wie beispielsweise abgebrochene Fensterausstell-Mechaniken oder Beschläge) sind wichtig. Andernfalls werden Sie eventuell bei der Rückgabe dafür zur Kasse gebeten.

Welcher Camper ist der richtige?
Zunächst einmal zur Ausstattung von Wohnmobilen: Die Bezeichnung „Camper" ist in der Zwischenzeit nicht mehr ganz zutreffend, denn mit Camping im eigentlichen Sinne des Wortes haben die mit allem Luxus ausgestatteten Fahrzeuge eigentlich nichts mehr zu tun. Möglich ist tatsächlich jeder Komfort.

Wohnmobile sind standardmäßig ausgestattet mit Kühlschrank, Gasherd und Grill, Spüle, Frisch- und Abwassertanks, Standheizung, guter Innenbeleuchtung und Kleiderschrank. Der Anschluß an eine Stromversorgung auf den Campingplätzen über eine außen angebrachte Steckdose ist möglich (220 Volt). Die Wassertanks werden von außen über einen entsprechenden Einfüllstutzen befüllt. Das Abwasser wird im Abwassertank gesammelt oder auf Campingplätzen direkt in Abwassereimer oder externe Kanister abgelassen. Je nach Größe ist zusätzlich Toilette und Duscheinheit (Warm- und Kaltwasser) vorhanden. Die chemische Toilette, genauer gesagt der Sammelkanister wird jeweils nach der Entleerung mit Sanitärflüssigkeit und etwas Wasser angefüllt, so daß keinerlei Geruchsbelästigung entstehen kann.

Wie groß das Fahrzeug für den Urlaub sein muß, sollte jeder persönlich entscheiden. Denken Sie jedoch daran, daß im Norden Schottlands etliche einspurige Straßen zu fahren sind und bei Fahrzeugen, die länger als 5,50 Meter sind, das Wenden an nicht wenigen Stellen zum Problem werden kann. Ein Alkoven-Mobil, das sind Fahrzeuge, die über der Fahrerkabine zwei Schlafplätze haben, bietet hier einen Vorteil. Diese Camper können bei gleicher Bettenanzahl kleiner gebaut werden. Dafür sind sie höher, was bezüglich der Durchfahrtshöhe in Schottland bis 3 Meter in der Regel keine Probleme bereitet.

Mietpreise
Je nach Größe und Ausstattung muß man für die Miete eines Wohnmobils in der Hauptsaison pro Woche zwischen ca. 1.200,– und 1.900,– DM kalkulieren. Je länger Sie einen Wagen mieten, desto billiger wird das Fahrzeug. Ein *Bürstner A 572*, wie ich ihn fuhr, kostet ca. 1.350,– DM pro Woche. Darin enthalten sind in der Regel:
- Eine Service-Pauschale für Übergabe-Inspektion
- Außenwäsche und Einweisung in das Fahrzeug.
- Eine Vollkaskoversicherung (üblicherweise mit 1.000,– DM Selbstbeteiligung)
- Unbegrenzte Kilometer bei einer Mietdauer von mindestens 2 Wochen
- Auslands-Schutzbrief
- Chemikalien für die Toilette.

Zahlungsbedingungen
Normalerweise wird eine 50%ige Anzahlung bei Vertragsabschluß vereinbart. Der Restbetrag wir bei Übernahme des Fahrzeugs fällig. Ein Rücktritt vom Vertrag kann, je nach Rücktrittszeitpunkt, teuer werden. Bei Rücktritt weniger als 30 Tage vor Mietbeginn werden bis zu 90% des vereinbarten Mietpreises fällig.

Kautionen in Höhe des Selbstbeteiligungsbetrages der Vollkaskoversicherung sind üblich. Bereitstellungsgarantien für eventuelle Schadensfälle nützen wenig, da die Bereitstellung eines Ersatzfahrzeuges beim Vermieter erfolgt, also in Deutschland. Die Fahrzeug-Rückgabe erfolgt normalerweise „besenrein". Bei nicht durchgeführter Endreinigung werden entsprechend Reinigungskosten durch den Vermieter berechnet.

Treibstoff
Die Preise für Diesel in Schottland sind sehr unterschiedlich. Je weiter man nach Norden kommt, umso teurer wird es. 1995 betrug der Liter-Preis für Diesel zwischen 0,45 Pfund in Edinburgh und 0,65 Pfund in Sutherland. Mein Camper brauchte durchschnittlich 13 Liter auf 100 Kilometer. Bei mehr als einer Person muß man mit etwas größerem Verbrauch rechnen.
Die von mir beschriebene Stecke umfaßte etwa 2.700 km, so daß die Treibstoffkosten sich auf etwa 200 Pfund belaufen.

Übernachtungen
Die Preise auf den Caravan Parks sind erstaunlich durchgängig. Berechnet wird in der Regel das Fahrzeug, wobei die Anzahl der Mitreisenden keine Rolle spielt. 1995 lag der Preis für ein Wohnmobil durchschnittlich bei 8,50 Pfund pro Nacht. Hier gilt der Trend umgekehrt, je südlicher, desto teurer.

Eintrittspreise
Die Eintrittspreise sind sehr unterschiedlich. Die Höhe hängt ab vom Bekanntheitsgrad der Sehenswürdigkeit sowie von deren Größe. Die Preise liegen zwischen 2,00 und 5,00 Pfund, wobei Kinder, Jugendliche und Rentner in der Regel Ermäßigung erhalten.
Zwei große Institutionen kümmern sich um den Erhalt der schottischen Kultur und Architektur und betreuen einen sehr großen Teil der Sehenswürdigkeiten. Dies ist der *National Trust for Scotland* sowie *Historic Scotland*. Diese Gesellschaften bieten Besucher-Pässe oder Familienkarten an, die beim Besuch mehrerer Plätze Geld sparen. Auf jeden Fall lohnt es sich, diese Angebote beim Scottish Tourist Board aktuell anzufragen.

Einige persönliche Tips
Meine Schottlandreisen machte ich mit einem *Alkoven-Fiat Ducato* von der *Firma Bürstner* (A572). Das Fahrzeug war ausgestattet mit Herd, Kühlschrank, max. 5 Schlafplätzen (3 im Fahrzeug, 2 im Alkoven) und mit Toilette, Dusche und Warmwasserversorgung. Das Fahrzeug hatte die folgenden Abmessungen: Höhe 2,96 Meter, Breite 2,20 Meter, Länge 5,45 Meter.
Der Wagen ließ sich erstaunlich handlich fahren, wobei ich einräumen muß, daß ich selbst LKW-Erfahrung bis 7,5 Tonnen habe. Das Einparken ist etwas gewöhnungsbedürftig, da man nur über die Rückspiegel fahren kann. Empfehlenswert ist einfach das Einwinken durch Mitreisende.
Viele Straßen in Schottland sind in nicht ganz perfektem Zustand, so daß im Fahrzeug Vibrationen auftreten. Diese führen bei manchen Fahrzeugen dazu, daß selbst die zusätzliche Kühlschrankverriegelung öfters aufspringt und bei starkem Bremsen sich die Kühlschranktür öffnet und der Inhalt des Kühlschranks im wahrsten Sinne des Wortes in den Innenraum fliegt.

Das Wohnmobil

Abhilfe kann ein kleiner Türkeil schaffen, der beim Fahren unter die Tür geklemmt wird.

Die Fahrzeuge sind durch den Wohnaufbau hinten sehr schwer. Bei Frontantrieb und leichter Steigung führt dies u.U. leicht zum Durchdrehen der Vorderräder, wenn man auf nasse Wiesen fährt. Auf Campingplätzen ist mir das häufiger passiert, so daß es nach stärkeren Regenfällen empfehlenswert ist, nur die befestigten Einstellplätze zu benutzen.

Auf einspurigen Straßen läßt es sich beim Wenden oft nicht vermeiden, in unbefestigtes Gelände zu fahren. Wohnmobile liegen hinten häufig sehr tief, so daß man sehr vorsichtig rangieren muß, um die Kunststoffumrandungen (früher hieß es Stoßstange) nicht abzureißen.

Die ausstellbaren Isolierglas-Fenster sind sehr kratzempfindlich. Auf den engen Straßen, hauptsächlich im Süden, ist ein Verkratzen der Scheiben durch in die Straße hineinragende Äste kaum zu vermeiden. Evtl. ist es sinnvoll, deshalb vor der Reise an den linken Fenstern eine durchsichtige Klebefolie als Schutz anzubringen.

Achten Sie darauf, daß der Wagenheber und die Steckschlüssel wirklich für ein Wohnmobil geeignet und nicht zu kurz sind. Die Werkzeuge für normale Kleintransporter reichen oftmals nicht aus und das Aufbocken des Campers bei einer Reifenpanne kann dann schnell zu einem nicht ganz ungefährlichen Geschicklichkeitstest unter dem Fahrzeug werden.

Auf vielen Campingplätzen sind keine Wasserschläuche für die Befüllung der Wassertanks vorhanden. Die „wardens", die Hausmeister, organisierten zwar in allen Fällen mehr oder weniger lange Schläuche (im Notfall beim Schwiegervater), das dauerte aber oftmals einen halben Tag. Einen einfachen Schlauch mitzunehmen, ist also ratsam.

Meines Erachtens kann man bei Wohnmobilen nur sehr stark eingeschränkt von Einbruchsicherheit sprechen. Man sollte in keinem Fall Wertsachen im Wagen liegen lassen, obwohl in Schottland diesbezüglich keine außergewöhnlich hohe Kriminalität zu verzeichnen ist. In den Großstädten gilt allerdings, wie überall, Vorsicht walten zu lassen, denn wenn die Alarmanlage angesprochen hat, dann empfindet das jeder nur als Störung. Ansonsten wird prinzipiell von Passanten nicht darauf geachtet, weil allzuoft die Alarmanlagen ohne ersichtlichen Grund ansprechen. Die einzigen, die sich während meiner Schottlandreisen von Alarmanlagen beeindruckt zeigten, waren Pfauen. Denn fast immer, wenn mein Alarm aus Versehen anging, waren sie es, die den potentiellen Autoknacker auf frischer Tat ertappen wollten.

Bitte recht freundlich!

Eine der größten Ländereien Schottlands, Drumlanrig Castle

Über Schottland

Die Vorgeschichte Schottlands beginnt um das Jahr 3.800 v. Chr. Schottland war sehr dicht bewaldet und von steinzeitlichen Nomaden bevölkert, die von Jagd und Fischfang lebten. Ihre Herkunft ist weitestgehend unklar. Die Besiedelung des nordwestlichen Schottland und der Inselgruppen der Hebriden erfolgte vermutlich von Irland aus.

Auch auf den Inselgruppen von Orkney und Shetland wanderten tausend Jahre später vermutlich ebenfalls aus Irland stammende Jungsteinzeitsiedler ein. Sie überquerten die max. 600 km Meeresdistanz mit bis zu 10 Meter langen Booten, die – so Rekonstruktionen – in der Lage waren, bis zu 3 Tonnen Last zu tragen. Diese Menschen hinterließen hauptsächlich auf den Inseln mehrere hundert Steinkreise, deren Funktion bis heute im Dunklen liegt. Die Ruinen ihrer Siedlungen finden sich auf den Shetlands oder den Äußeren Hebriden noch relativ häufig.

Um das Jahr 500 v. Chr. fingen die keltischen Stämme aus Mitteleuropa an, sich in ihren ursprünglichen Siedlungsgebieten auszubreiten. Sie wurden auf ihren Wanderungen jedoch vom ebenfalls expandierenden Römischen Reich nach Norden abgedrängt. So ging ihre Expansion in die Bretagne, nach Wales und Cornwall, nach Irland und eben nach Schottland. Mit dieser Völkerwanderung wird auch das Verschwinden der Urbevölkerung Schottlands, jener steinzeitlichen Nomaden, in Zusammenhang gebracht. Aber auch das römische Weltreich breitete sich letztendlich auf die Britischen Inseln aus. Im Jahre 55 und 54 v. Chr. unternahmen die Römer zwei Feldzüge nach Britannien zum Zwecke der militärischen Sicherung Galliens, dem heutigen Nordwest-Frankreich. Sie errichteten zur Absicherung der eroberten Gebiete zuerst den Hadrianswall und wenige Jahre später den Antoniuswall: Verteidigungsanlagen ähnlich dem Limes, Mauern quer durch Britannien. Die römische Fremdherrschaft in Britannien dauerte etwa 400 Jahre und löste sich erst im 5. Jh. n. Chr. langsam auf. Im Jahre 844 n. Chr. wurde Schottland zum ersten Mal politisch vereint und befreit.

Auf die Geschichtsschreibung des römischen Historikers Tacitus gehen die Bezeichnungen der nordischen Stämme in Schottland zurück. Er beschrieb bemalte rothaarige Krieger als Picti (Bemalte) und Caledonii. Als Scoten wurden die aus Irland eingewanderten Stämme bezeichnet.

Das Mittelalter, die Zeit zwischen 800

Statue von Robert the Bruce in Bannockburn

und 1500 n. Chr., war geprägt von permanent anhaltenden Machtkämpfen der zwei untereinander verfeindeten Hauptlinien der schottischen Monarchie. Verrat, Meuchelmord, Intrigen und Hinterhalte spiegeln sich exemplarisch in Shakespeares blutigem Drama von Macbeth. Blutige Kriege wegen Gebietsansprüchen zwischen Schottland und England waren in jener Zeit an der Tagesordnung. Rachefeldzüge, Massaker und Versuche der Ausrottung ganzer Stämme schienen das alltägliche Geschäft der Clans und ihrer zum großen Teil eingekauften Söldner gewesen zu sein. Vorübergehende politische Stabilisierung brachte hin und wieder die Verheiratung von Mitgliedern der verfeindeten Königshäuser untereinander.

1603 kam mit James I. Maria Stuarts Sohn als erster König von Schottland und England auf den Thron in London. Danach folgte unaufhaltsam der Niedergang Schottlands, das von England mehr oder weniger als Kolonie angesehen wurde. Die jakobitischen Aufstände flammten über Jahrzehnte immer wieder auf und endeten 1746 in der Niederlage von Culloden. Seit diesem Tag ist Schottland ein Teil des Vereinigten Königreiches von Großbritannien. Obwohl heute Edinburgh die Hauptstadt Schottlands ist, hat sich politisch seit dem Mittelalter nicht viel verändert. Das Land wird bis zum heutigen Tag von London aus regiert.

Schottland in Zahlen

Das heutige Schottland hat eine Fläche von insgesamt etwas weniger als 78.800 Quadratkilometern und mißt damit weniger als ein Viertel der Bundesrepublik Deutschland (357.000 qkm). Die Nord-Süd-Ausdehnung des Landes erreicht etwa 440 Kilometer, die Ost-West-Ausdehnung mißt 245 Kilometer maximaler Breite. Mit 4,95 Millionen Einwohnern ist das Land sehr dünn besiedelt, wobei der größte Teil der Bevölkerung südlich des Kaledonischen Kanals lebt. Allein Glasgow und Edinburgh haben zusammen etwa eine Million Einwohner, während die Highland-Region auf eine Bevölkerungsdichte von etwa acht Einwohnern pro Quadratkilometer kommt.

Die Sprache

Englisch ist die offizielle und damit meistgesprochene Landessprache. Die gälische Sprache konnte sich jedoch besonders auf den Inseln und den abgelegenen Gebieten der Highlands halten und erfährt seit den siebziger Jahren eine erstaunliche Renaissance. Heute wird in diesen Gebieten Gälisch wieder in den Schulen gelehrt.

Die Wirtschaft

Die Wirtschaftsstruktur des Landes ist sehr zwiespältig. Neben sehr wirt-

Maria Stuart, historisches Schauspiel auf Stirling Castle

Über Schottland

schaftskräftigen und innovativen Regionen gibt es stagnierende Gebiete mit stark veralteten Zweigen.
Die traditionell starke Schwerindustrie (Werften, Kohlegruben, Stahlwerke) wurde in der Nachkriegszeit durch den internationalen Konkurrenzdruck stark dezimiert. Umfangreiche Wirtschaftsförderungsprogramme (auch seitens der Europäischen Union) konnten den Arbeitsplatzabbau etwas auffangen und die Neuansiedelung von modernen Industrien führte zu einer Modernisierung der Wirtschaft. Sogenannte High-Tech-Betriebe in der Feinmechanik, Elektro- und Elektronikbranche sowie Computer- und Roboterhersteller sind heute hauptsächlich im Süden in den Regionen Fife, Lothian und Strathclyde anzutreffen. Die Ölförderung in der Nordsee ist seit den siebziger Jahren ebenfalls ein wichtiger Wirtschaftsfaktor geworden. Das Ölzentrum wurde aufgrund der geographisch günstigen Lage nach Aberdeen gelegt, das durch die Zulieferindustrie und den Arbeitskräftebedarf seitdem stark expandieren konnte.

Die Entwicklung der Landwirtschaft läßt sich sehr deutlich an der Entwicklung der Arbeitskräftezahlen in diesem Bereich ablesen. Nach dem Zweiten Weltkrieg arbeiteten noch etwa 90.000 Menschen in Viehzucht, Milchwirtschaft, Getreide-, Futter- und Obstanbau. Anfang der neunziger Jahre wurden in den genannten Gebieten noch 26.000 Vollbeschäftigte gezählt. Modernisierung und Automatisierung der Landwirtschaft haben sicher einen Anteil an dieser Entwicklung. Jedoch ist die automatisierte Landwirtschaft, wie wir sie in vielen Bereichen kennen, in Schottland durch die landschaftlichen Gegebenheiten so nicht möglich oder für viele Farmer wegen der viel zu hohen Anschaffungskosten unerschwinglich.
Der Fischfang ist traditionell stark und wird heute teilweise in Verbindung mit der Landwirtschaft betrieben. Die industrielle Fischerei konzentriert sich auf ein paar wenige größere Häfen wie Ullapool, Peterhead, Lochinver, Mallaig oder Stromness auf den Orkneys und Lerwick auf Shetland. Achzig Prozent des Fischfangs in Großbritannien werden heute in Schottland angelandet.

Die Geographie
Geographisch wird Schottland eingeteilt in drei Gebiete:
Die *Southern Uplands* sind geprägt durch eine hügelige Mittelgebirgslandschaft, die, zwischendurch bewaldet, primär landwirtschaftlich genutzt wird. Das Gebiet erstreckt sich zwischen der englischen Grenze im Süden und einer Linie im Norden zwischen Kilmarnock am Firth of Clyde, Glasgow und Edinburgh.
Die *Central Lowlands*, die mittelschottische Senke, sind ein flaches hügeliges Tiefland zwischen den Southern Uplands und den Grampian Mountains. Dieses Gebiet stellt heute wirtschaftlich wie geologisch das Zentrum des Landes dar.
Die *Highlands* im Norden und Nordwesten bilden mit ihrem Mittel- und Hochgebirgscharakter den landschaftlich größten Anreiz für Reisende. Die Highland-Linie, die geographische Grenzlinie zu den Central Lowlands im Süden hin, verläuft zwischen Greenock am Clyde über Tayside bis Stonehaven.

Auf dem Schiff machte sich langsam Unruhe breit. Die Passagiere strömten auf die Sonnendecks, um sich die Einfahrt in den Hafen anzusehen. Das Schiff passierte den Leuchtturm, der die Hafeneinfahrt weithin sichtbar markiert. Sehr alte Docks und Lagerschuppen entlang der Tynemündung erinnern noch an vergangene Zeiten.

Die Anreise

Als letzte Zeugen der industriellen Revolution verfallen sie zunehmend und dienen heute wohl nur noch den kleinen Segeljollen als Anlegestege. Aber nach Passieren der nächsten Biegung des Tyne zeugte die Be- und Entladung von Frachtern doch davon, daß Newcastle ein funktionierender Hafen ist.

Die Ausfahrt begann. Schnelles Vorbeiwinken an den Lagerschuppen. Problemlose Zollabfertigung. Kurzer Blick in den Paß und durch. Die Formalitäten verliefen bislang bei jeder meiner Einreisen nach Großbritannien sehr kurz und es wurde zügig abgefertigt.

Wenn man aus den Hafenanlagen von Newcastle herausfährt, könnte man meinen, daß der planende Straßenbau-Ingenieur nach der Anzahl der eingebauten „roundabouts" (Kreisverkehre) bezahlt wurde – es folgt ein roundabout dem anderen. Aber alles Jammern nützt nichts, denn letztendlich ist diese Vorfahrsregelung nur ungewohnt für uns. Die Kreisverkehre dienen erwiesenermaßen der drastischen Reduzierung von Unfällen und verbessern den Verkehrsfluß.

Folgen Sie ab der Ausfahrt aus dem Hafengelände konsequent der guten

Heideblüte in den Moorfoot Hills

Ankunft in Newcastle upon Tyne. Die ersten Meter auf britischem Boden.

Morgensonne auf Deck der Fähre

Beschilderung: A19, Morpeth. Wenn die A19 endet, fahren Sie auf der A1 nach Süden Richtung Newcastle, bis die A696 Richtung Flughafen abzweigt. Jedburgh ist ab hier angeschrieben. Den entfernungsmäßig relativ großen Umweg auf der Umgehungsautobahn um Newcastle herum zu fahren, lohnt sich. Die kürzere Strecke und direkte Verbindung zur A696 führt durch die Vororte von Newcastle und ist mit unzähligen Ampeln sehr zeitraubend. Zudem ist die Beschilderung hier schlecht, so daß ein Verfahren praktisch vorprogrammiert ist.

Die nähere Umgebung von Newcastle ist geprägt von immer weiter in das flache Farmland hineinwuchernden Siedlungen. Die Werften sind hier der bestimmende Wirtschaftsfaktor, so daß immer mehr Wohnraum für die hier Beschäftigten notwendig wurde. Leider sind die einheitlichen Wohnbauten auch ein trister Anblick, so daß die Ankunft in Großbritannien eher enttäuschend ist. Nichts ist zu sehen von den spektakulären Bergen, nichts von Lochs und Seen und auch keine schönen Landschaften, wie man sie erwartet.

Die weitere Strecke der A696 in Richtung Jedburgh ist eine unterschiedlich ausgebaute Überlandstraße. Die teilweise auch kleinen und kurvigen Sträßchen sind die richtige Vorbereitung für Schottland. Man kann beschaulich durch das typische englische Farmland fahren und sich an das Linksfahren gewöhnen. Allerdings darf man sich nicht daran stören, auch auf schmaleren Teilstücken ständig von LKW überholt zu werden. Als ich die Cheviot Hills hinauffuhr, zog ich aufgrund meiner Geschwindigkeit eine Schlange von etwa 15 Fahrzeugen hinter mir her.

Ein paar Kilometer vor Carter Bar wurde ich bisher immer erwartungsgemäß empfangen. Die Wolken hingen immer tiefer und mit dem einsetzenden Regen stieg mir der Torfgeruch in die Nase, der für das keltische Land so typisch ist.

In den Borders

Die Legionen Julius Caesars zogen einst durch die Cheviot Hills nach Norden über den Paß, der heute die Grenze zwischen England und Schottland bildet. Heute führt die A68 nach Carter Bar, dem Grenzpunkt, den man nur allzuleicht übersehen würde, ständen da nicht eine Ansammlung von Campervans und Fahrzeugen mit ausländischen Kennzeichen um einen großen Felsbrocken herum. „SCOTLAND" ist mit dickem Pinsel und in weißer Farbe auf den Grenzstein gemalt. Sonst nichts, kein Schlagbaum, kein Zollhäuschen, nichts. Natürlich nicht, denn Schottland hat seine Unabhängigkeit das letzte Mal im Jahre 1746 verloren und ist seit dieser Zeit englische Provinz – viele Schotten würden sagen Kolonie.

Die Meinungen über einen unabhängigen Staat Schottland gehen heute bei den Schotten weit auseinander. Die einen möchten innerhalb des Königreiches mehr Autonomie und die anderen streben nach wie vor einen völlig unabhängigen Staat an. Die Zweifel über eine mögliche wirtschaftliche Unabhängigkeit sind allerdings auch bei den Autarkiebefürwortern weit verbreitet. Dennoch wächst die „Schottische Liga" unaufhörlich. Trotzdem ist der einzige Fortschritt in Richtung Eigenständigkeit des Landes seither die Ernennung eines „Ministers für schottische Angelegenheiten" im Londoner Unterhaus. Dieser Minister ist selbstverständlich Engländer.

Ein kurzer Stop lohnt dennoch, denn von Carter Bar aus kann man die Borders, das schottische Grenzgebiet, sehr schön überblicken. Weitläufiges Farmland, Weiden und kleine Waldgebiete erstrecken sich über die Hügel, soweit man sehen kann. Fast idyllisch liegen die Farmhäuser weit verstreut zwischen den Feldern. Ein friedlicher Anblick, der mit nichts mehr daran erinnert, daß dieses Stück Land eine traurige Berühmtheit erlangte. Die Borders waren die einst heiß umkämpften Gebiete, in denen England und Schottland ihre Herrschaftsansprüche ausfochten. Fast scheint es, als zeugten die rötlich schimmernden Äcker als späte Erinnerung von der blutgetränkten Geschichte Schottlands. Wie blutig es in der Vergangenheit zuging, daran erinnern verschiedene Denkmäler in den Borders. Im Jahre 1513 zum Beispiel

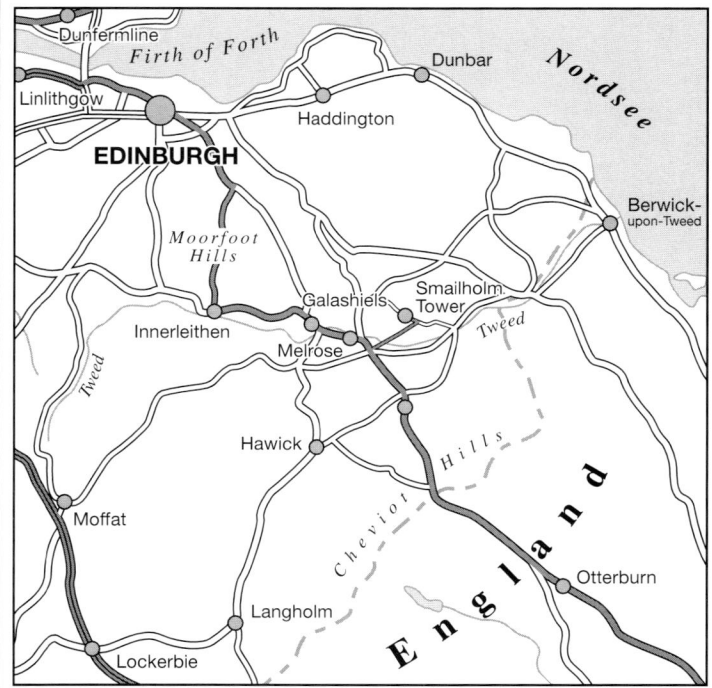

In den Borders

wurden bei Flodden Field 10.000 Schotten von den Engländern niedergemetzelt, während nur 100 Engländer fielen. Im Auftrag von Heinrich VIII. von England wurden 1545 bei einem „erfolgreichen" Feldzug der Engländer unter dem Earl of Hertford mehr als zweihundert Dörfer verwüstet, sieben Klöster niedergebrannt, fünf Burgen zerstört, das Vieh vertrieben und alles, was nicht niet- und nagelfest war, mitgenommen.

Die Spuren des Earl of Hertford sind heute noch zu sehen. Die *Abtei von Jedburgh* war nur eine von mehreren großen Klöstern des Border-Gebietes, die von seinen Truppen verwüstet wurden. Auch die Abteien von Melrose, Dryburgh und Kelso wurden dem Erdboden gleich gemacht. Kein anderer Landstrich in Schottland wurde von den Umtrieben der Geschichte so geprägt wie die Borders – Ruinenland. Diese südöstliche Region der Lowlands ist heute bestimmt durch Landwirtschaft, Schafzucht und die Textilindustrie, deren Zentren Hawick, Inverleithen und Galashiels sind. Touristisch entdeckt wurden die Borders erst sehr viel später als die sagenumwobenen Highlands.

Die erste Übernachtung in Schottland legte ich in Jedburgh ein, auf dem Lilliardsedge Caravan Park, etwa 6 km nördlich des Ortes. Es ist der beste Platz in der Umgebung und nach der Ankunft der Fähre nachmittags in Newcastle gelangt man noch bequem bis Jedburgh.

Über die mittelalterliche dreibogige Canongate Bridge gelangt man in die kleine Ortschaft *Jedburgh*. Hier kann man nach der langen Reise gemütlich flanieren und in einem Pub das erste schottische Bier trinken. Die Ruine der

Jedburgh Abbey, Überbleibsel einer einst monumentalen Abtei

22

In den Borders

Kathedrale überragt den ganzen Ort und ist die Hauptattraktion des Ortes. Auf dem Weg zwischen Jedburgh und Melrose machte ich einen kurzen Abstecher von etwa 15 Kilometern zum *Smailholm Tower* und zum *Scott's View*. Der Smailholm Tower ist ein historischer Wehrturm, von dem aus man bei gutem Wetter einen schönen Blick in die Borders hat. Scott's View war angeblich der Lieblingsplatz des zu seiner Zeit (1771–1832) bekanntesten schottischen Schriftstellers Sir Walter Scott. Es ist ein idyllisches Plätzchen, das den Blick in eine liebliche Landschaft öffnet: auf die Biegung des River Tweed und in der Ferne auf Melrose und die vulkanischen Eildon Hills.

Ein großes Schild an der Ortseinfahrt weist darauf hin, daß Melrose 1992 zur „best tourism town" in Schottland gekrönt wurde. Woraus sich dies allerdings ableitet, konnte ich bei meinem Spaziergang durch den Ort nicht ausmachen.

Die *Melrose Abbey* ist auch hier der Hauptanziehungspunkt, wobei ich nun nicht empfehlen möchte, jede Ruine, jedes Kloster und jede Burg zu besichtigen. Wie groß das geschichtliche Interesse ist, muß jeder selbst für sich entscheiden.

Hundert Meter von der Abtei entfernt befindet sich das alte Busdepot. Nachdem ich zweimal daran vorbeigelaufen war, blieb ich schließlich vor dem alten Wellblech-Schuppen stehen und fragte

Nach der Zerstörung von der Bevölkerung als Steinbruch mißbraucht: Melrose Abbey

Historisches Sammelsurium und Domizil von Schottlands berühmtestem Dichter: Abbotsford House

In der Bibliothek von Sir Walter Scott

mich, ob ich denn wohl hier richtig sei. Es war geschlossen und als ich läutete wurde mir nach 5 Minuten von einem alten Mann geöffnet. Lang und breit erklärte er mir, daß eigentlich noch nicht geöffnet sei, er aber eine Ausnahme machen würde und mir trotzdem alles zeigen könne. Es sah aus wie eine Werkstatt, es roch wie eine Werkstatt und es war das *Melrose Motor Museum*. Ich war bereits auf den ersten Blick begeistert. Nach der Stillegung des Depots 1983 wurde es von einem Oldtimer-Liebhaber gekauft und der funktionierte es um zur Garage für seine Sammlung an historischen Fahrzeugen. Und das ist es bis heute geblieben, eine Garage. Keine roten Teppiche, keine Absperrungen für die Besucher und kein Fotografierverbot behindern den motivierten Besucher. Im Gegenteil, wer früh kommt, hat gute Chancen vom Warden jedes einzelne Ausstellungsstück erklärt zu bekommen. Denn er ist selbst ein fanatischer Liebhaber von Oldtimern.

In Melrose sowie im Nachbarort Selkirk werden jedes Jahr in der dritten Woche im Juni *Historische Festspiele* abgehalten. Diese dauern eine ganze Woche und erinnern an die vielen Grenzlandkkämpfe und das damit verbundene harte Leben der Menschen hier. In mittelalterlichen Rüstungen und Kostümen werden Kämpfe nachgespielt, Umzüge veranstaltet und man läßt die Geschichte einfach für kurze Zeit wieder aufleben.

Fünf Kilometer außerhalb von Melrose liegt *Abbotsford House*. „Romanze in Stein und Mörtel", wie der Besitzer, Sir Walter Scott, sein Domizil einst selbst nannte. Was sich dem Besucher hier auftut, ist jedoch auf den ersten Blick vielmehr ein wildes Sammelsurium aus

Fragmenten der Geschichte. Einen Roten Faden habe ich vermißt, doch faszinierte mich seine skurile Sammlung mittelalterlicher Folterinstrumente ebenso wie die riesige Bibliothek. Vielleicht erklären gerade diese Gegensätze, warum der Dichter und Schöngeist *Sir Walter Scott* Dinge sammelte wie den Schlüssel zum Gefängnis von Selkirk, eine Uhr aus dem Besitz von Marie Antoinette, Kriegsmaterial aus den Borderkriegen, einen Geldbeutel von Rob Roy, ein Portrait Maria Stuarts nach ihrer Enthauptung, einen eisernen Helm als Folterinstrument aus dem Besitz des Erzbischofs von Melrose (Lassen Sie sich die Geschichte dieses Helmes von den netten Damen an der Rezeption erzählen) und vieles mehr.

Meine Strecke führte mich weiter über die A6091 nach Galashiels. Den Ort durchfuhr ich auf der A7. Am Ortsende ist Inverleithen über die A72 angeschrieben. Sobald man Galashiels hinter sich gelassen hat, geht die Fahrt über eine kleine Landstraße durch das hügelige, bewaldete Farmland. Etwa neun Kilometer nach Verlassen von Abbotsford House befindet sich rechts, etwas oberhalb der Straße, ein schöner Rastplatz mit Tischen und Bänken und einer guten Aussicht auf den Meigle Hill und das Tweed Valley. Ein kleines Schild „woodland trail" weist auf die Picknick Area hin.

Robert Smail's Printing Works
Im Jahre 1986 spazierte Maurice Rikkards die Hauptstraße in Inverleithen entlang. Praktisch im Vorübergehen entdeckte er zufällig eine alte Druckerei. Die letzten Besitzer des Familienbetriebes wollten die notwendigen Investitionen in neue Maschinen und Ausrüstungen nicht mehr tätigen und waren gerade dabei, den „alten Krempel" zu verschrotten. Rickards kam gerade rechtzeitig, um das ganze Haus zusammen mit dem alten Büro, der Werkstatt, den noch übrig gebliebenen Materialien, den Bergen von Papier und all dem angesammelten Staub aufzukaufen. Was er entdeckt hatte, war eine 120 Jahre alte, vollständig erhaltene, viktorianische Druckerei, die noch bis vor kurzem in der traditionellen Handsetz-Methode gearbeitet hatte: Robert Smail's Printing Works. Robert Smail hatte im Jahre 1857 seine Druckerei gegründet. Weil er und seine Söhne, die das Geschäft um die Jahrhundertwende übernahmen, sprichwörtlich sparsame Schotten waren, wurde sehr wenig investiert, so daß man einen großen Teil der Druckaufträge bis zuletzt per Hand setzte. Aber dennoch ging der Einfluß der industriellen Revolution auf das Druckereihandwerk auch an Smail nicht ganz spurlos vorüber. Um 1890 wurden die ersten Druckmaschinen gekauft. Sie wurden angetrieben über Riementriebe von den Mühlrädern am Bach.

In den Borders

Eine malerische Glastür führt den Besucher direkt hinein in die Viktorianische Epoche

In den Borders

Erst 1930 installierte man eine Gasturbine für den Antrieb der Maschinen.
Der „National Trust for Scotland", der seine Arbeit dem historischen und kulturellen Erbe des Landes widmet, hat mittlerweile die Schirmherrschaft über Smails Erbe angetreten. Es wurde ein lebendiges Museum eingerichtet, in dem der Besucher mitten hineingeführt wird in die Arbeitswelt unserer Großväter. Man kann also regelrecht hineinsehen in das letzte Jahrhundert und die alten Arbeitsmethoden beobachten und miterleben. Und noch etwas besonderes: Führungen für die Besucher finden nicht nach festen Zeiten statt, sondern beginnen, wenn Interessierte zur Tür hereinkommen.

Von Inverleithen nach Edinburgh sind es etwa zwanzig Kilometer. Wer es eilig hat, der fährt in etwa einer Stunde über Peebles und die A703 nach Edinburgh. Ich wählte eine winzige Provinzstraße durch die *Moorfoot Hills*, die B709, die in Inverleithen in Richtung Herriot abgeht. Diese Straße ist nichts für den eilig Reisenden, sie ist größtenteils einspurig mit vielen Ausweichstellen, manchmal engkurvig. Man sollte sich Zeit nehmen und gemächlich durch die Landschaft „reisen". Man fährt durch eine fast unwirkliche Hügel- und Heidelandschaft, völlig kahl von Bäumen oder Sträuchern. Als ich im April hier durchfuhr, war die Heide noch braun, wirkte verbrannt und ich wurde erinnert an die weiten Landschaften Nord-Amerikas. Nur einige Farmen oder winzige Dörfchen unterbrechen den verlassenen Charakter dieser für uns ungewöhnlichen Szenerie. Fast wirkt es, als ob die Erde hier ihr unbedecktes Gesicht zeigen kann. An der Strecke gibt es einige gute Möglichkeiten, direkt am Fluß zu rasten und eine Pause einzulegen.
Bei Middleton hat uns die Hauptstraße wieder. Die A7 führt gut ausgebaut und in sehr gutem Zustand direkt nach Edinburgh.

Idyllisches Ambiente für einen Dichter: Abbotsford House

Arbeiten wie vor hundert Jahren: Robert Small's Printing Works

AUSKUNFT
Jedburgh
Scottish Borders Tourist Board, TD8 6BE, Murrays Green, Tel.: 01835/863435
Melrose
Scottish Borders Tourist Board, Abbey House, Abbey Street, Tel.: 01896/822555
Wettertelefon: 01891/200841

ÜBERNACHTEN
Jedburgh
Lilliardsedge Caravan Park, TD8 6TZ, Tel.: 01835/830271. Sehr großzügig angelegtes Gelände am Rand eines Waldstückes. Gepflegte und sehr saubere sanitäre Einrichtungen. 6 km nördlich von Jedburgh links an der A68.

PARKEN
Alle genannten Sehenswürdigkeiten haben eigene Parkplätze, außer Robert Smail's Printing Works. Im Ort findet man aber Parkmöglichkeiten.

HIGHLIGHTS
* Jedburgh Abbey (Öffnungszeiten: Mo.–Sa. 9.30–18.30 Uhr, So 14.00–18.30 Uhr/Eintritt: 2,50 Pfund)
* Melrose Abbey (Öffnungszeiten: Mo.–Sa. 9.30–18.30 Uhr, So 14.00–18.30 Uhr/Eintritt: 2,50/1,00 Pfund)
* Melrose Motor Museum, Annay Road, 100 m unterhalb der Abtei (Öffnungszeiten: tgl. 10.30–17.30 Uhr/Eintritt: 2,00/0,50 Pfund)
* Abbotsford House, außerhalb von Melrose (Öffnungszeiten: Mo.–Sa. 10.00–17.00 Uhr, So 14.00–17.00 Uhr/Eintritt 3,00/1,50 Pfund)
* Robert Smail's Printing Works, Inverleithen, 7/9 High Street (Öffnungszeiten: Apr.–Sep. Mo.–Sa. 10.00–13.00 Uhr/So 14.00–17.00 Uhr/Eintritt: 2,00/1,00 Pfund)

WEITERE AUSFLÜGE
* Scotts View, bei Melrose
* Smailholm Tower (Öffnungszeiten: Apr.-Sep. Mo.–Sa. 9.30–18.30, So 14.00–18.30 Uhr)
* Teddybär-Museum in Melrose

Edinburgh – Athen des Nordens

Camping und Caravan Parks in Großstädten sind leider nur allzuoft ein Problem. In Edinburgh gibt es zwei sinnvolle Übernachtungsmöglichkeiten, *Little France* und *Silverknowes Caravan Park*. Beide liegen etwa gleich weit vom Zentrum entfernt. Man benötigt mit den Linienbussen etwa 20 Minuten bis ins Stadtzentrum. Ich hatte mich für Silverknowes entschieden, weil der Platz verkehrstechnisch ruhiger gelegen ist. Leider liegt er in der Einflugschneise des Flughafens, was mich bei dem relativ geringen Flugaufkommen allerdings weniger störte als die Lage von Little France direkt an der A7.

Ich fuhr also über die A720, die Ringautobahn, um Edinburgh herum nach Silverknowes. Diese Umfahrung ist tagsüber problemlos, während der Rush Hour jedoch teilweise aussichtslos verstopft.

Aus den bereits angesprochenen historischen Gründen sollte man es in Schottland tunlichst vermeiden, als Engländer entlarvt zu werden. Also tut man gut daran, sich beim Nennen der schottischen Hauptstadt nicht an die Sprachregeln aus Oxford zu halten. Ausgesprochen wird es als Edinbarra, wobei die „R"'s – ans Bayrische angelehnt – kräftig auf der Zunge zu rollen sind.

Zwischen dem markanten Arthur's Seat, einem Kegelberg vulkanischen Ursprungs, und dem Firth of Forth im Norden erstreckt sich die Stadt über leicht hügeliges Gelände. Edinburgh gliedert sich heute in die mittelalterliche Old Town und die viktorianische New Town. Im Stadtzentrum verläuft diese Grenze wie eine gerade Linie die Princes Street entlang, an der Waverley Station und am Calton Hill vorbei bis zum Palace of the Holyroodhouse. Alle interessanten Punkte liegen in und um den Stadtkern herum, so daß man richtigerweise im Zentrum beginnt. Die Besichtigung der wichtigen Sehenswürdigkeiten und der City Edinburghs ist zu Fuß ohne Probleme möglich, alles ist bequem erreichbar. Auch stehen Taxis überall zur Verfügung, die einen zu vernünftigen Prei-

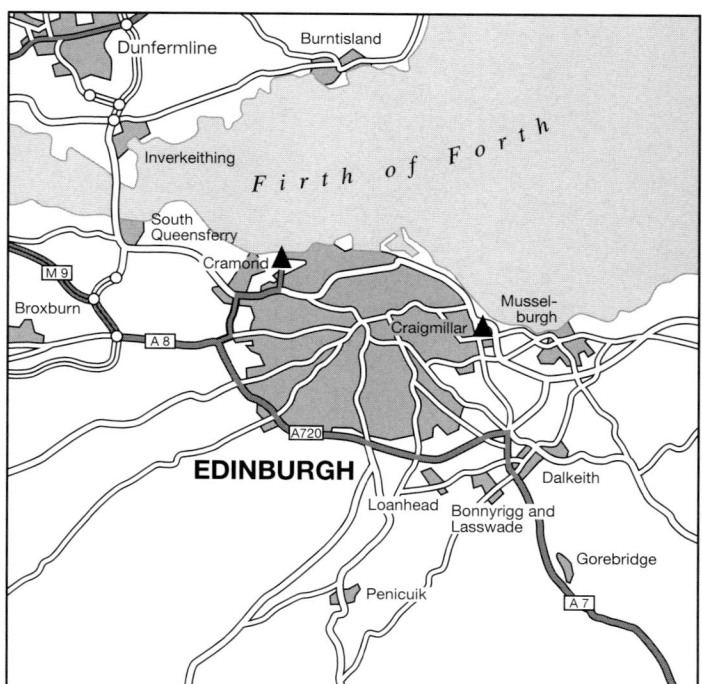

sen vom einen Ende zum anderen bringen können. Beim öffentlichen Linienbusverkehr sollte man auf die letzten Fahrzeiten achten, wenn man mit dem Bus vom Caravan Park in die Stadt kam. Der Meeresarm des Firth of Forth liegt einige Kilometer im Norden vom Stadtzentrum entfernt und wird dominiert von Hafenanlagen und Industrie. Edinburgh ist heute mit seinen 435.000 Einwohnern der kulturelle Dreh- und Angelpunkt und gleichzeitig die Hauptstadt Schottlands. Man nimmt an, daß auf dem die Stadt überragenden Castle Hill von den Pikten im 5. Jahrhundert die erste Festungssiedlung errichtet wurde. Aus der römischen Besatzungszeit davor ist so gut wie nichts bekannt. Der Name der Stadt rührt wahrscheinlich von Edwin her, dem König von Northumbria, der im 7. Jahrhundert die Stadt überrannte. Im Hochmittelalter wurde das Gebiet zurückerobert und man errichtete die Burg auf dem Vulkanfelsen. Edinburgh entwickelte sich bis zum 15. Jahrhundert zu einem Handwerks- und Handelszentrum und zum Verwaltungssitz der Könige, die jedoch oftmals außerhalb residierten. Die Reformation in Schottland nahm durch den hier wirkenden John Knox eine Schlüsselrolle ein und seine Feindschaft zu der katholischen Königin Maria Stuart wurde legendär. 1582 erfuhr die Stadt durch die Gründung der Universität einen wichtigen Impuls für die Entwicklung zu einem geistigen Zentrum im Land, so daß seit Mitte des 18. Jahrhunderts Künstler, Schriftsteller und Wissenschaftler angezogen wurden. Vor allem auf dem Gebiet der Medizin erarbeitete sich die Universität einen internationalen Namen. Heute bieten Kunstgalerien, Museen und Theater ein reichhaltiges Angebot an kulturellen Veranstaltungen.

Old Town
Am Castle Rock und dem darauf errichteten *Edinburgh Castle* kommt kein Besucher vorbei. Das Schloß überragt die Stadt auch heute, im Zeitalter der Hochhäuser, noch immer. Erbaut wurde es auf einem von fünf erloschenen Vulkankegeln der Gegend und diente seit dem 11. Jahrhundert als Königssitz. Es war ein idealer Ort für eine Festung wegen seiner drei Seiten mit steil und schroff abfallenden Felshängen. Die vierte Seite konnte leicht gegen eventuelle Angreifer verteidigt werden, so daß sie im Laufe ihrer langen Geschichte nie mit Waffengewalt eingenommen werden konnte. Aber was mit Gewalt nicht zu schaffen war, erreichte man durch Geduld. Die Burg wurde belagert und mehrfach ausgehungert. Trotz militärischer Unbesiegtheit wechselte aus diesen Gründen das Bollwerk des öfteren den Besitzer. Also besuchte ich das Wahrzeichen Edinburghs als erstes. Allerdings wollte, in Anbetracht der etwa einer Million Besucher jährlich, eine Stimmung für das Mittelalter bei mir nicht so recht aufkommen. Ich ertappte mich dabei, wie ich diese Besucherzahl auf einen Tag herunterrechnete, anstatt mich in die großen, am Eingang aufgestellten Informationstafeln zu vertiefen. Aber die vielen Besucher verteilten sich auf dem riesigen Schloßgelände, so daß sich die einzige Warteschlange nur vor dem Ice-Cream-Stand bildete.
Mit einem Eis in der Hand kann man sich dann getrost der Besichtigung einiger lohnenswerter Sehenswürdigkeiten hingeben. Die *Honours of Scotland*

Edinburgh – Athen des Nordens

Edinburgh – Athen des Nordens

Exhibition stellt die schottische Krone, das Zepter und das Staatsschwert aus, angeblich die ältesten Krönungsinsignien Europas. In der Great Hall des Schlosses erblickte James I. von England und Schottland das Licht der Welt. Die Mauern der *Half Moon Battery* und *Forewall Battery* bilden monströse Verteidigungsanlagen, von denen aus man einen sehr schönen Blick auf Edinburgh und seine Umgebung hat.

The Vaults sind jene feuchten und kalten Gänge, die als Gefängnis, als Unterkünfte für die Mannschaftsgrade und als Arbeitsplätze für Handwerker dienten. Letztendlich war es ein militärisches Instrument, das mich – wenn auch nur aus technischen Gründen – faszinierte. *Mons Meg*, eine Riesenkanone aus dem Jahre 1494, mit der man gegossene Stahlkugeln mit einem Durchmesser von 40 Zentimetern immerhin 3 Kilometer weit schießen konnte. Ich stellte mir den Knall beim Abschuß vor und nehme an, daß die Kanoniere dieser Zeit Taubheit noch nicht als Berufskrankheit geltend machen konnten. Ein Abfeuern der Kanone war nur alle 30 Minuten möglich. Ihr Ende fand sie beim Abfeuern eines Salutschusses 1680: sie explodierte. Man kann heute einen Nachbau besichtigen.

Geschossen wird aber auch heute noch auf dem Schloß. Jeden Tag um 13 Uhr wird ein Schuß abgefeuert, der es in früheren Zeiten den Schiffsbesatzungen auf dem Forth ermöglichte, ihre Uhren nach diesem akustischen Signal zu stellen. Trotz der sprichwörtlichen Traditionsverbundenheit der Schotten wählte man aber hierfür eine kleinere Kanone als die oben beschriebene.

Die Geschichte des Schlosses in die-

Wo Dr. Jeckyll und Mr. Hyde ihr Bier tranken: Deacon Brodie's Tavern

Pub in der Rose Street

„haddock in batter", lunch in der Rose Street

Edinburgh – Athen des Nordens

Princes Street mit Blick auf den Calton Hill

Der öffentliche Nahverkehr als „Cabrio": Der Bus für die Stadtrundfahrten

The Palace of the Holyrood House

sem Buch zu beschreiben, würde jeden Rahmen sprengen, so daß ich den interessierten Besucher auf eine Schloßführung verweisen möchte oder auf das Mitführen eines berühmten deutschen Lexikon-Reiseführers.

Die Old Town, die Altstadt von Edinburgh, hatte im 18. Jahrhundert etwa 40.000 Einwohner und zählte zu den am dichtesten bevölkerten Orten Europas. Ein dichtes Netz enger und winkliger Gassen zog sich den Felsrücken unterhalb der Burg hinunter. Öffentliche Gebäude wurden, wo Platz war, mitten in Durchgangsstraßen gepreßt, Hauptverkehrsadern entarteten zu winkligen Gassen. Schmale, unsicher wirkende Mietshäuser, bis zu 15 Stockwerke hoch, schossen empor und standen so dicht beieinander, daß die Bewohner der obersten Stockwerke sich geradezu die Hände reichen konnten. In diesen „Lands" genannten Wohnblocks wohnten oft Adelige, Kaufleute, wohlhabende Bürger ebenso wie Bettler auf einem Haufen zusammen. Die oberen Zehntausend wohnten im Erdgeschoß, der „Pöbel" in den oberen Etagen. Zu der Zeit war es gang und gäbe, die Abfälle und den Inhalt der Nachttöpfe einfach aus dem Fenster auf die Straße zu schütten. Immerhin war man so freundlich und warnte die Fußgänger unten vor den Gefahren, die da von oben auf sie zukämen. 1770 schrieb ein Reisender dazu: In Edinburgh bei Nacht zu spazieren, sei recht gefahrvoll und zudem auch ein Erlebnis für den Geruchssinn.

Der Spaziergang durch die *Old Town* beginnt beim Verlassen des Schlosses. Über die Victoria Street mit ihren Boutiquen, Restaurants und dem alten Bürstenmachergeschäft kommt man

Edinburgh – Athen des Nordens

hinunter zum Grassmarket. Heute kommen die Leute hierher, weil sie gemütlich Bummeln, Einkaufen oder ein Bier in den Pubs trinken möchten. Früher versammelte man sich auf dem Grassmarket, um den öffentlichen Hinrichtungen beizuwohnen, die angeblich mit „Tausenden" von Besuchern immer gut besucht waren. Ein Mann, der hier 1788 hingerichtet wurde, gelangte nach seinem Tod zu Weltberühmtheit: Deacon (Dekan) William Brodie. Bei Tage lebte Mr. Brodie als angesehener Bürger und Schlosser, des nachts trieb er sein Unwesen als Einbrecher und Bankräuber. Mit Hilfe eines eisernen Kragens wollte er dem Galgen, dessen Funktion er selbst noch als Stadtrat mitgeholfen hatte zu verbessern, ein Schnippchen schlagen. Es half nichts. Bekannt wurde Brodie allerdings nicht unter seinem richtigen Namen, sondern als *Dr. Jeckyll und Mr. Hyde* in dem gleichnamigen Roman von Robert L. Stevenson, den dieser Fall zu seinem berühmten Buch inspiriert haben soll. Schottische Geschichten leben lange und Edinburgh ist voll mit derartigen Erzählungen. So kann man sich denn von einem guten Buch in *Deacon Brodie's Tavern* erzählen lassen von den Gruselgeschichten früherer Tage.

In einem der kleinen Gäßchen, die seitlich von Castlehill und High Street in die Hinterhöfe der Altstadt abzweigen, besuchte ich eine kleine Werkstatt. Dudelsäcke wollte ich mir ansehen, und wie sie hergestellt werden. An seinem winzigen Arbeitsplatz treffe ich Joe Hagan. Die vielen Jahre, die er in seinem Leben Dudelsäcke gebaut hat, kommentiert er respektlos mit einem schrulligen: „forget about it..." - Vergessen Sie es einfach...

„Schottland beansprucht nicht, den Dudelsack erfunden zu haben", erzählt er, *„aber es beansprucht für sich, das Dudelsackspiel zu einer Kunst weiterentwickelt zu haben". Dudelsäcke tauchten im Laufe der Jahrhunderte in den meisten Ländern der Erde in irgendeiner Form auf, wurden gespielt und gerieten meist wieder in Vergessenheit. Von den Römern über die Tanzfeste des deutschen Mittelalters bis zu den heutigen Schlangenbeschwörern in Indien oder den traditionellen Instrumenten in der Bretagne zieht sich die Entwicklung des Dudelsacks durch die Instrumentengeschichte. Was nun ist der Dudelsack? Ganz allgemein gesprochen ein Sack aus Schafshaut mit 5 Pfeifen dran. Über das Mundstück wird der Sack beim Spielen permanent aufgeblasen. Auf dem chanter, der Melodiepfeife, wird die Melodie gespielt und für die Hintergrundbegleitung sorgen die „drones", die Baßpfeifen. Die Lautstärke kann beim Spielen nicht verändert werden. „Und so laut sind sie gar nicht - die Dudelsäcke" meint Joe. „Angenommen Sie würden ein Orchester mit 20 Violinen zusammensetzen und einem Dudelsack, dann wäre der letztere sicher überhaupt nicht zu hören". Warum überlebte der Dudelsack ausgerechnet in Schottland? „Hauptsächlich aus militärischen Gründen", erklärt mir Joe. „The bagpipes is a weapon - Der Dudelsack ist eine Waffe: Eine Waffe der psychologischen Kriegsführung, sozusagen zur Einschüchterung des Feindes. Ersetzen Sie die 20 Violinen in unserem Beispiel durch Dudelsäcke, dann hört sich das Ganze an wie 10.000 Mann".*

Die *Royal Mile* oder *High Street* ist die Verbindung zwischen Schloß und dem

Palace of Holyroodhouse. Genaugenommen ist sie 1,125 Meilen lang, denn der Name ist abgeleitet von der etwas kürzeren alten Schottischen Meile. Die Anziehungskraft dieser Straße stützt sich wohl vor allem auf ihren Pomp und Gloria verheißenden Namen, und jeder Besucher flaniert erwartungsvoll die Meile hinunter. Interessanter wird es, wenn man sich die kleinen, von der High Street abzweigenden Gäßchen ansieht. Zwischen Castle Hill und North Bridge führen kleine Durchgänge in die Hinterhöfe, in denen man winzige Läden findet, Dudelsackbauer, Kunsthandwerker, Museen. Trotz der großen Masse der Besucher kann man hier noch einen Teil des alten Edinburgh finden.

Als die Fotografie ihre ersten Gehversuche machte, wurde am Castle Hill ein Gebäude errichtet, das zu dieser Zeit seine Besucher in magischer Weise gefangen nahm. In der *Camera Obscura* konnte man das Spiegelbild Edinburghs im Zentrum des Turmes auf eine weiße Fläche projiziert bestaunen. Das mag dem heutigen Besucher vorkommen wie kalter Kaffee, nur muß man sich vorstellen, daß die Welt vor nun mehr als 150 Jahren noch nicht überflutet war mit realistischen (fotografischen) Bildern wie heute. Es war einfach eine Weltneuheit, ein Kuriosum.

Hier auf der Royal Mile kam mir plötzlich mein schulischer Geschichtsunterricht wie aus heiterem Himmel wieder ins Gedächtnis. Immerhin konnte ich mich namentlich an *John Knox* erinnern. Jedenfalls erhielt ich die Möglichkeit, früher Versäumtes im *John Knox House* nachzuholen. In einer umfassenden Ausstellung wird in den Räumen, in denen er gelebt haben soll, die Geschichte der Reformation in Britannien erläutert. Mit „Kill Joy" (Freudentöter) bekam Knox einen angemessenen Spitznamen, denn er war die führende Persönlichkeit bei der Einführung des Kalvinismus in Schottland. Die Gelehrten streiten sich heute allerdings darüber, ob der Reformator der anglikanischen Kirche hier in diesem Haus gelebt hat, oder ob er nur hier gestorben ist. Knox jedenfalls führte die Trennung von der Autorität des Vatikans gründlich durch. Als er im Jahre 1560 Pfarrer von *St. Giles* wurde, ließ er 44 prunkvolle Altäre entfernen und die Statue des Heiligen Giles im Wassergraben des Schlosses versenken. Dadurch wurde er zum erbittertsten Gegner der katholischen Königin Mary Stuart. Nach der Reformation wurde die Kathedrale zu einem „Multi-Funktionsbau" umfunktioniert. Sie diente als Schule, als parlamentarischer Versammlungsraum, als Gerichtsgebäude und als Gefängnis.

Im unteren Bereich der Royal Mile geht die High Street über in die Canongate. Dieser Straßenname hat nichts mit Kanonen zu tun, sondern rührt von der Glaubensgemeinschaft der Augustiner-Kanoniker her, die hier eine eigene Gemeinde hatten. Die Canongate Church markiert den Übergangspunkt der beiden Straßen. Der *Canongate Tolbooth*, das frühere Rathaus und Gefängnis aus dem Jahre 1591, liegt direkt neben der Kirche und enthält heute ein Museum, das sich mit Leben und Arbeit der Bürger Edinburghs auseinandersetzt: *The People's Story*.

Das Ende der Royal Mile führt direkt auf den *Palace of the Holyroodhouse* zu. Der Palast ist heute noch immer

Edinburgh – Athen des Nordens

Edinburgh – Athen des Nordens

„offizielle Residenz der königlichen Familie in Schottland", was immer das auch heißen mag.

Die Zimmer und Säle strahlen eine wohlhabende, reiche Harmonie aus. Es könnte sich hier tatsächlich ein ruhiges und friedvolles Leben abgespielt haben. In einem der vielen prunkvollen Säle stand ich vor einem wunderschönen, filigran geschnitzten Spiegel in den königlichen Gemächern. Dann machte mir, mit einem Schlag, mein Spiegelbild mit Jeans und Goretex-Jacke bewußt, welche Zeitspannen in diesem Moment zusammenprallen.

Natürlich hatte ich Stefan Zweigs Biographie von Maria Stuart gelesen, denn sie ist es, die *Königin der Schotten*, die mit diesem Palast noch immer am meisten in Verbindung gebracht wird. Die Ermordung des Sekretärs der Königin durch ihren Gemahl, so teilt mir ein kleines Schild mit, fand an dieser Stelle statt. John Knox führte hier seine Anfeindungen gegen die streng katholische Königin. 500 Jahre sind seitdem vergangen, der Palast war zwischenzeitlich abgebrannt und wurde wieder aufgebaut. Und wie so oft ist auch hier der Schein ein anderer als

Edinburgh – Athen des Nordens

The Old Town of Edinburgh

die Realität der Geschichte. Die oberflächliche Harmonie dieser Räume verdeckt Intrigen, Mord, infame Hinterhalte und Betrügerei um Macht und Geld.

Hinter Holyrood Palace öffnet sich ein weites Parkgelände, das mit seinen 260 Hektar zum Schloß gehört. Der *Holyrood Park* ist an Wochenenden ein beliebtes Naherholungsgebiet für die Edinburgher, die in dem hügeligen Gelände mit seinen künstlichen Seen Joggen und Spazierengehen. Von der höchsten Erhebung im Park, dem *Arthur's Seat*, hat man einen schönen Weitblick auf das ganze Stadtgebiet und das Hinterland.

Vom Holyrood Palace ist es nicht weit zu Fuß zum *Calton Hill*. Ein schöner Panorama-Rundblick auf die Stadt macht den Aufstieg vor allem in den Abendstunden lohnenswert. Auf den Aussichtsberg kann man auch mit dem Auto hochfahren, oben befindet sich ein Parkplatz direkt am Observatorium. Allerdings habe ich abends hier oben schon Polizeieinsätze gegen herumlungernde Jugendliche erlebt, also tut man gut daran, sein Fahrzeug gut zu verschließen.

Edinburgh – Athen des Nordens

New Town

„Athen des Nordens" nannte man Edinburgh im letzten Jahrhundert. Der Grund dafür steht auf dem Calton Hill, das *National Monument*. Geplant als Denkmal für die in den napoleonischen Kriegen gefallenen Soldaten, begann man 1822 mit dem Umbau des Calton Hill zur griechischen Akropolis. Leider aber ging noch während der Bauphase das Geld aus und so ziert heute eine griechische Bauruine den Berg. „Scotlands pride and poverty", der Stolz und die Armut Schottlands, wie sie von ihrem Architekten genannt wurde.

Beim Abstieg vom Calton Hill passiert man, hinter Bäumen verborgen, das in keinem Reiseführer erwähnte *Rock House*. Fotografie-Interessierten ist der Name David Octavius Hill bekannt als berühmter Portrait-Fotograf (und Maler) aus den Anfängen der Fotografie in der Mitte des letzten Jahrhunderts. Hill hatte im Rock House sein Atelier. Wie so oft kam auch für Hill der finanzielle Erfolg erst nach seinem Tod. Als er 1870 starb, wurde der Wert seines gesamten fotografischen Nachlasses auf 70 Pfund festgelegt. Sothebys Auktionshaus in London verkaufte hundert Jahre später eine Sammlung von Fotografien für 230.000 Pfund. Das Haus kann besichtigt werden, war jedoch zur Zeit meines Besuchs gerade wegen Umbaus geschlossen, was ich als Fotograf besonders bedauerte.

Die New Town stellt heute das größte unter Denkmalschutz gestellte Stadtgebiet in Großbritannien dar und ist das Ergebnis georgeanischer Städteplanung. Hier befindet sich das Einkaufszentrum der Stadt mit der *Princes Street* als Mittelpunkt. Parallel dazu verläuft die *Rose Street* mit ihren gemütlichen Pubs und der Old Reekie Brauerei. Apropos Pubs. Bei uns zuhause in Stuttgart gibt es ein Sprichwort: Wenn man in ein Wirtshaus geht, in der fünf Tische stehen und es sind fünf Leute anwesend, dann ist die Kneipe voll. Hier in Schottland ist praktisch das Gegenteil der Fall. Sitzt ein Gast an der Theke, dann setzt man sich als zweiter Besucher einfach daneben. Für mich als Schwaben war das anfänglich ziemlich gewöhnungsbedürftig. Schwere Barhocker mit schmiedeeisernen Löwenköpfen zieren das Interieur vieler Pubs in der Rose Street, messingbeschlagene Bierhähne über den hölzernen Zapfanlagen, Spiegel mit Ornamenten und eine Bar mit geschnitzten Figuren. Artefakte aus Brauereien, ledergebundene Bücher und eine Stuckdecke mit Jugendstilelementen gehören genauso dazu wie das Gespräch mit dem Barmann. Mein Mittagessen nahm ich immer in einem dieser alten Pubs ein. Eine Riesenportion „Haddock in Batter", „Panierter Schellfisch in Butter mit Pommes Frites" für 4,25 Pfund. Wer ganz fein dinieren möchte, dem ist das *Ruteland Hotel* am Ende der Princes Street am Shandwick Place zu empfehlen. Die Preisklasse dazwischen findet man im *Granary* in der Queensferry Street.

Die *Princes Street Gardens* waren früher als Wassergraben Teil der Verteidigungsanlagen der Burg. Mit der Trokkenlegung begann man im Jahre 1810. Es standen damals nur Handpumpen zur Verfügung, so daß die ganze Aktion 60 Jahre dauerte. Zu Bedauern waren nur die Arbeiter, denn die Wassergräben wurden damals benutzt als Abwassersammelbecken der gesamten Altstadt. Alles was Abfall, Müll und Ab-

Edinburgh – Athen des Nordens

wasser war, sammelte sich hier – vielleicht war dies ja ebenfalls Teil der Verteidigungsstrategie. Heute sind die Parkanlagen hauptsächlich im Sommer beliebter Treffpunkt für die Edinburgher gleichermaßen wie für die Besucher, um spazierenzugehen, sich auf den Grünflächen zu sonnen oder einfach auf den Bänken zu sitzen und dem bunten Treiben zuzusehen.

Das Festival Fringe

Edinburgh beansprucht für sich, jeden Sommer Europas größtes Kulturfestival zu veranstalten, das Edinburgh International Festival. Die Gründer des Festivals beabsichtigten zwei Jahre nach Kriegsende die Idee der kulturellen Gemeinschaft Europas zu realisieren. Man lud Künstler ein aus aller Welt, um hier von der Weltpolitik unbeeinflußt, Kunst zu präsentieren und um eine wiedervereinigte europäische Kultur im Frieden zu etablieren. So scheute man sich nicht, im Jahre 1949 Gustav Gründgens und das Düsseldorfer Theaterensemble mit einer Inszenierung von Goethes Faust zu engagieren. Später, im Jahre 1968, gerade als sowjetische Panzer in der Tschechoslowakei den Prager Frühling niederwalzten, spielte das Staatliche Symphonieorchester der UDSSR in Edinburgh in der Usher Hall.

Das International Festival erregte ein derart großes Interesse, daß Künstler aus aller Welt uneingeladen nach Edinburgh reisten, um mit ihren Darbietungen diese Idee zu unterstützen. Das Festival Fringe entstand, das Festival am Rande, und jeder konnte kommen. Weitere Festivals kamen hinzu, das Filmfestival, das Internationale Jazz Festival und jedes zweite Jahr das Buch Festival. Im Grunde findet also heute jedes Jahr während der drei Festwochen im August eine ganze Ansammlung von Festivals statt.

Um in die City zu kommen, benutzte ich am frühen Vormittag den öffentlichen Bus und noch während der Fahrt überlegte ich mir, wo ich denn nun am besten beginnen sollte. Es war mein erster Besuch beim Festival. Natürlich hatte ich ein Programm zur Hand, das eine Menge von Veranstaltungen auflistete, für die ich eigentlich im voraus hätte reservieren lassen sollen. Von großen Namen angefangen wie Kurt Masur und die New Yorker Philharmonie über das Russische National Orchester und das San Francisco Ballet bis hin zu Jazzbands und wenig bekannten Musikgruppen oder Theaterensembles. Aber ich verließ mich auf das, was ich vorher gehört hatte: Edinburgh ist nicht Salzburg oder Bayreuth. Die Eintrittspreise seien erschwinglich, hieß es und es fänden so viele Veranstaltungen statt, daß man den Abend in keinem Fall vor dem Fernseher zubringen müßte. Schließlich hatte ich ja noch genügend Zeit bis zum Abend, und so entschied ich mich dafür, tagsüber durch die Stadt

„I want you to clap, to applaude and to throw all your money into my hat…", Straßenkünstler beim Festival Fringe

In den Princes Street Gardens

zu bummeln, um später dann rechtzeitig zu einer Abendveranstaltung zu gehen. Ich kam nicht dazu. Weder zum einen noch zum anderen. Es war überall – das Festival: In den Gassen, auf den Plätzen, in den Princes Street Gardens, rund um die National Gallery, am Grass Market und rund um Waverly Station. Dudelsackpfeifer, Straßenmaler, Kunsthandwerker, Kasperletheater, Clowns, Pantomimen, Possenreißer, Musiker, Artisten und Schauspieler ließen sich überall nieder, wo Platz war, um ein kleines Publikum um sich zu scharen. Es sah aus, als ob jeder, der etwas zu präsentieren oder aufzuführen hatte nach Edinburgh gekommen war. Marktschreiern gleich priesen sie ihre Kunst an. Ich hörte eine Menge verschiedener Sprachen: Oxford-Englisch, australischen Bush-Slang oder einen Schwall lauter verschluckter Konsonanten, die ich unvoreingenommen dem amerikanischen Süden zuordnete. Das Publikum schien sie alle zu verstehen, denn keiner der Künstler blieb lange ohne Zuschauer. Dies war auch rein platztechnisch kein Wunder, denn es schien jeder freie Zentimeter Edinburghs zur

Nymphen und Löwenköpfe am Fuße der Burg

Bühne umgewandelt worden zu sein. Und nicht nur Straßenkünstler waren es, die um ihr Publikum kämpften, sondern auch Theatergruppen und Bands, die für ihre Auftritte am Abend warben. Von humoristischen Darbietungen bis zu artistischen Glanzleistungen war alles geboten. Meine Abendaufführung habe ich versäumt. Nein, versäumt habe ich nichts, im Gegenteil. Ich konnte einen Tag genießen mitten in einer unbeschreiblichen Atmosphäre, konnte mich treiben lassen in einer Stadt, die einen geradezu perfekten Rahmen bot.

Zwei Tage später nahm ich dann doch noch an einer Abendveranstaltung teil, die jeden Abend etwa 8.000 Besucher auf den Schloßhof führt, dem Military Tattoo – dem Großen Zapfenstreich. Die Präsentationen waren eine Mischung aus militärischem Zeremoniell und sportlichen Leistungsschauen. Ich erlebte eine artistische Motorradstaffel, traditionelle Volkstänze, das Nachspielen historischer Schlachten bis zurück zu den napoleonischen Kriegen und nicht zuletzt die fast bedrohlich klingenden Dudelsackregimenter.

Edinburgh – Athen des Nordens

AUSKUNFT
Edinburgh and Scotland Information Centre
Edinburgh EH2 2QP, 3 Princes Street,
Tel.: 0131/5571700
Wettertelefon: 01891/200841

ÜBERNACHTUNG
Little France Caravan Park, Edinburgh EH16 4SU, 219 Old Dalkeith Rd, Tel.: 0131/662326. Direkt an der A7 gelegen. Die Anlage ist schattenlos, gut gepflegt und zentral gelegen. Sie wurde 1995 mit zusätzlichen Sanitäranlagen neu eröffnet.
Silverknowes Caravan Park, Edinburgh, Tel.: 0131/3126874. Ein städtischer Platz, der auch in der Regel in der Hochsaison genügend Plätze bietet. (Wohnmobil 6.00 Pfund). Keine Hook Ups.
Mortonhall Caravan Park, Edinburgh EH16 6TJ, 38 Mortonhall Gate, Frogston Rd East, Tel.: 0131/6641533

PARKEN
Das Parken in der Innenstadt ist sehr stark eingeschränkt durch teure Parkuhren und Anwohnerparken. Diese Regelungen werden streng überwacht, so daß es am sinnvollsten ist, den Camper auf dem Campingplatz stehen zu lassen und die öffentlichen Busse (ca. 0,60 Pfund einfach) zu benutzen. Ein Taxi von der City nach Silverknowes kostet etwa 6,00 Pfund.

HIGHLIGHTS
* Edinburgh Castle (Öffnungszeiten: Apr.-Sep. tägl. 9.30–18.00 Uhr, Okt.-März tägl. 9.30–17.00 Uhr/ Eintritt: 5,50/1,50 Pfund)
* Grassmarket
* Royal Mile mit
  St. Giles Cathedral, Deacon Brodie's Tavern, John Knox House
* Palace of the Holyroodhouse (Öffnungszeiten: Apr.-Okt. tägl. 9.30–17.15 Uhr, So. 10.30–16.30 Uhr, Eintritt 5,00/2,50 Pfund)
* Calton Hill, Parkplatz direkt am Observatorium
* Princes Street
* Princes Street Gardens
* Rose Street
* The Festival Fringe (Jedes Jahr im August. Die aktuellen Daten bitte beim Fremdenverkehrsbüro erfragen).
* Camera Obscura (Öffnungszeiten: Apr.-Okt. tägl. 9.30–18.00 Uhr/Eintritt)

WEITERE AUSFLÜGE
* Scott Denkmal, Princes Street (Denkmalturm mit Aussichtsplattform)
* The People's Story Museum, Canongate (Öffnungszeiten: Juni-Sept. Mo.-Sa. 10.00–18.00 Uhr)
* Holyrood Park
* Royal Botanic Garden

River Forth und die Halbinsel Fife

Die folgende Strecke um den Firth of Forth herum ist geprägt von geschichtlich interessanten Punkten. Wer an Schlachtfeldern, Schlössern und Ruinen kein sehr ausgeprägtes Interesse hat, dem empfehle ich, Edinburgh auf der A90 zu verlassen und über die Forth Road Bridge den Firth of Forth zu überqueren, um direkt nach Dunfermline zu fahren. In Dunfermline treffen Sie wieder auf unsere Route. Diese „Abkürzung" spart etwa einen Tag.

Wer die längere Strecke wählt, fährt von Silverknowes nur ein kurzes Stück bis auf die Ringautobahn, auf der die Strecke zunächst nach Süden geht. Über die A8 und später die M9 erreichte ich *Linlithgow*. Der Ort selbst zeigt im Zentrum die „Genialität" mancher moderner Architekten. Die alten Häuschen des Straßendorfes wurden verbunden mit einer Neubausiedlung mit Einkaufszentrum. Den Bogen zwischen Waschbeton und historischen Burgmauern konnte ich als Normalbürger allerdings nicht so richtig erkennen. Das Interessante an diesem Ort ist sein Palast, der mitten im Zentrum liegt und für die Anfahrt gut ausgeschildert ist.

Direkt am *Linlithgow Palace* befindet sich ein kleiner Parkplatz. Hierhin führt das *Foreentrance*, das Hauptportal in der Schloßmauer. Anscheinend haben bereits die Architekten von König James IV in ihren Bauplänen 1535 die später auftauchenden Wohnmobile berücksichtigt, denn mein Bürstner-Mobil paßte auf den Millimeter genau durch den Torbogen. Um diese Maßgenauigkeit fotografieren zu können, mußte ich durch die Hecktür aussteigen, mich vorbeizwängen und das Tor für kurze Zeit blockieren. Um das Schloß herum ist ein kleiner Freizeitpark angelegt mit Liegewiesen und Picknickplätzen.

Der *Palast von Linlithgow* ist heute nur noch eine Ruine, und Vorstellungen davon, wie sich das Leben hier früher abgespielt haben mag, kommen schwerlich auf. 134 Stufen führen auf einen der Wachtürme hinauf, von denen man einen schönen Blick auf den Schloßhof und den angrenzenden See hat.

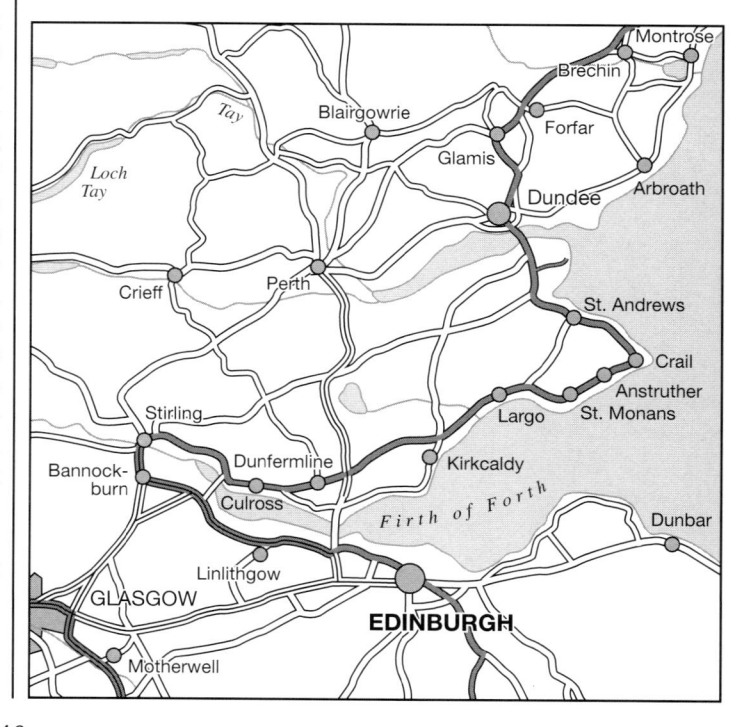

Als sei es abgemessen. Einfahrt zum Linlithgow Palace

River Forth und die Halbinsel Fife

Mary Stuart
Am 8. Dezember 1542 wurde hier – eine kleine Tafel weist darauf hin – eine Frau geboren, die vielleicht zu den faszinierendsten Gestalten der Geschichte gehört. Sechs Tage nach ihrer Geburt wurde sie zur Königin von Schottland gekrönt. Aufgewachsen und erzogen am französischen Hof bei den Verwandten ihrer Mutter, heiratete sie Franz II. von Frankreich und wurde Königin von Schottland und Frankreich. Als Witwe kehrte sie 1561 zurück in ihre Heimat – Mary Stuart war gerade 18 Jahre alt. Die lebenslustige junge Frau pfiff auf puritanische Sittenvorstellungen ebenso wie auf die intriganten Ratschläge der schottischen Kirchenvertreter. Sie ritt als erste Frau Schottlands – so erzählt es die Überlieferung – im Damensattel aus und schmückte ihre Gemächer mit französischen Möbeln. Zu der Zeit ein Schlag ins Gesicht der herrschenden Moralvorstellungen.
Mary beanspruchte den Thron von Schottland und England. Pläne über den Sturz Elisabeths I. von England wurden deshalb geschmiedet, auch zwang sie aufrührerische schottische Lords mit harter Hand zur Raison. Dieser Kampf um die Macht in Britannien führte dazu, daß ihr weiterer Lebensweg gekennzeichnet war von Mauern. Die Einkerkerung Mary Stuarts, ihre Flucht und die abermalige Verfolgung schienen für sie schließlich der normale Alltag gewesen zu sein. In dieser unruhigen Zeit heiratete Mary. Nach kurzer Ehe ermordete Ihr Gemahl den italienischen Sekretär und auch – so sagt man – Liebhaber der Königin, um schließlich selbst ermordet zu werden, von Lord Bothwell, den Mary kurze Zeit später als dritten Gemahl ehelichte. Bothwell flieht am Ende ins Ausland und Mary nach England, wo ihr Leben in Freiheit mit ihrem 24. Lebensjahr endet. Sie wird von ihrer Cousine und Erzrivalin Elisabeth I. von England gefangengenommen. Maria Stuart starb im Alter von 44 Jahren, nach 19jähriger Gefangenschaft in England, auf Geheiß Elisabeths I. unter dem Beil des Henkers. Traditionsbewußte Royalisten sind heute etwas irritiert von der Tatsache, daß die heutige Königin von England, Elisabeth II, nicht von Elisabeth I abstammt. Wie sollte sie auch Nachfahrin einer kinderlosen Frau sein. Die Linie geht vielmehr zurück zu Mary Stuart. Der Sohn Marys, James VI. von Schottland, tritt nach dem Tod von Elisabeth I. die rechtmäßige Thronfolge an und wird als James I. erster König des United Kingdom.

Zurück auf der Autobahn M 9 fuhr ich weiter nach Westen in Richtung Stirling. Mein nächstes Ziel war das historische Schlachtfeld von Bannockburn. Von Linlithgow aus sind es nur 26 Kilometer. Die Ausfahrt Nr. 9 führt direkt in den Ort Bannockburn, wobei sich das Bannockburn Heritage Center und das historische Schlachtfeld am Ortsanfang befinden. Vor der Jet-Tankstelle geht ein kleines Sträßchen links ab.

Bannockburn ging in die Geschichte ein als der Ort, an dem 1314 die Engländer vernichtend geschlagen wurden. Der damalige schottische König und Heerführer *Robert Bruce* blickt heute als überdimensionales Standbild auf seine alten Schlachtfelder, auf denen es gelungen ist, Schottlands Unabhängigkeit für die folgenden vier Jahrhunderte zu sichern. Dies bedeutete jedoch keinesfalls den Frieden mit England in der darauffolgenden Zeit. Die Unabhängigkeit – sie ist für die Schotten (verständlicherweise) Kernstück ihrer nationalen Identität, die im Land überall gerne zur Schau gestellt wird. So sind Orte wie Bannockburn ein geradezu ideales Aushängeschild, das keineswegs nur für Touristen geschaffen wurde. Jedes Kind lernt in der Schule die schottische Geschichte, und die historischen Schlachtfelder sind immer noch Pflichtprogramm im Unterricht. Wenn heutzutage die Pubs nachts schließen, dann ist es üblich, daß die Gäste aufstehen und die Nationalhymne singen. Nicht-Schotten bleiben sitzen und verhalten sich sehr still. Bei einer solchen Zelebration saß ich zusammen mit einem Engländer in der Ecke eines Pubs. Er meinte nur lapidar: „They don't just sing it, they mean it, they mean it, really!" Sie singen es nicht nur, sie meinen es so!

Brunnen im Innenhof des Linlithgow Palace

Minnegesang wie zu Zeiten Maria Stuarts

Einblicke ins Mittelalter: Drama and Merrymaking auf Stirling Castle

Abendstimmung im Hafen von Crail

„Don't hurry…"

Ebbe in Crail, nur eine Leiter führt noch hinunter zu den Booten

Im *Bannockburn Heritage Center* kann man die Geschichte der Unabhängigkeit und den genauen Hergang der historischen Schlachten auf dem Gebiet in und um Bannockburn und Stirling genau studieren. Die alten Gemälde und Ausstellungsstücke geben vielleicht einen kleinen Eindruck davon, daß es in vergangenen Zeiten nicht gerade zimperlich zuging. Man ging mit Äxten, Hämmern und Sicheln aufeinander los und schlug sich gegenseitig mit riesigen Zweihandschwertern die Köpfe ein. Exekutionen wurden auf der Guillotine durchgeführt und die Köpfe anschließend auf Lanzen gespießt und im Tolbooth ausgestellt – zur Abschreckung. Es fällt also in jedem Fall schwer, über Moral oder Unmoral in dieser völlig anderen Zeit heute zu urteilen. Mit dem Kampf um die Unabhängigkeit in dieser Zeit wird auch immer der Name *Sir William Wallace* genannt. Er war einer der großen Widerstandsführer und Wegbereiter für Robert Bruce und in der Schlacht an der Brücke von Stirling war er maßgeblich an dem strategisch erarbeiteten Sieg gegen eine mehrfache englische Übermacht beteiligt. Die Geschichte und Biographie von William Wallace kam als „Braveheart" 1995 in Form eines Historienfilms in unsere Kinos. Zweieinhalb Kilometer nordöstlich von Stirling erinnert ein 64 Meter hohes Denkmal auf einem Hügel an den berühmten Freiheitskämpfer, das *Wallace Monument*.
Stirling Castle erhebt sich hinter Bannockburn auf einem einsam stehenden vulkanischen Felsen und man kann es bereits von der Ortsausfahrt aus sehen. Die Fahrt von Bannockburn nach Stirling dauert etwa zehn Minuten. Das Schloß beherbergt heute ein geschicht-

River Forth und die Halbinsel Fife

liches Museum sowie ein Militärmuseum. Zum Zeitpunkt meines Besuches wurde allerdings ein großer Teil der Gebäude gerade renoviert. Theodor Fontane schwärmte geradezu von der phantastischen Aussicht auf das Umland, die man vom Schloß aus genießen kann. Der Burggarten mit dem englisch gestutzten Rasen und seinen Rosenbeeten bildet eine stimmungsvolle Kulisse für mittelalterliche Tänze, die als historische Schauspiele in den Sommermonaten hier aufgeführt werden. *Drama and Merrymaking* nennen die Veranstalter ihre Darbietungen, „Schauspiel und Lustbarkeit". Es werden Auszüge aus dem Leben Mary Stuarts an den Originalschauplätzen wiedergegeben und mittelalterliche Tänze im Schloßgarten aufgeführt.

Die Fahrt nach Culross dauerte etwa 40 Minuten und führte mich zunächst durch leicht hügeliges Farmland und vorbei am Wallace Monument, das sich links der Straße auf einem bewaldeten Hügel erhebt. Ab Kinkardine folgte ich der B 9037, einer winzigen, engen und kurvigen Landstraße, die mit dem Wohnmobil eine höhere Geschwindigkeit als 40 bis 50 km/h nicht zuließ. Die ländliche Idylle wurde nach Kinkardine schnell abgelöst durch die rund um den Firth of Forth dominierenden Industrieanlagen. Rechts tauchten Kraftwerke und die Ölraffinerien von Grangemouth auf.

In *Culross* parkte ich auf dem großen Parkplatz vor der Ortseinfahrt. Das Dorf erschien wie ausgestorben, als ich an einem späten Sonntagnachmittag in den Ort hineinging. Als scheinbar einziger Besucher schlenderte ich über das Kopfsteinpflaster durch die historischen Gäßchen. Die sorgsam restaurierten Häuser, das historische Marktkreuz und die verlassene Atmosphäre wirkten auf mich wie eine Filmkulisse in Hollywood. Plötzlich, wie einem Kommando folgend, schienen zum selben Zeitpunkt aus allen Gebäuden Leute herauszukommen. Alle waren sie gekleidet in uniformem Dunkelblau. Sie schlossen sorgsam ihre Türen ab, nahmen ihre übergroßen Schlüsselringe in die Tasche und schwebten, wie aus einer anderen Welt, dem Ortsrand zu. Die Turmuhr schlug exakt 17 Uhr. Die Angestellten des *National Trust for Scotland*, der zum größten Teil Besitzer des Ortes ist und auch die Renovierungen in den 30er Jahren durchführte, entfernten sich nach Feierabend von ihrem Arbeitsplatz.

Culross ist also eine Museums-Stadt, an der die Industrielle Revolution vorbeiging. So ist sie ein gutes Beispiel für den bürgerlichen Lebensstil des 16. und 17. Jahrhunderts. Viele der Häuser können heute besucht werden: Das Kaufmannshaus, eine Abtei, das Nonnenkloster, das Marktkreuz, das Rathaus und das als „Palast" bezeichnete Haus eines Kohlenhändlers.

Von Culross bis *Largo* ging es durch die Stadt Dunfermline, über die autobahnmäßig ausgebaute M 90 vorbei an Kirkaldy, vorbei an Leven bis zur Largo Bay. Für die 50 Kilometer war ich etwa 50 Minuten unterwegs. *Lower Largo* ist ein winziges Fischerdörfchen, das man nur auf einer äußerst engen und winkligen Ortsdurchfahrt passieren kann. Wer mit den Abmaßen seines Wohnmobils nicht ganz sicher ist, der sollte den Ort sicherheitshalber auslassen. Am Ende des Dorfes fand ich einen größeren Parkplatz. Von hier aus tut sich ein schöner Blick auf den Firth of Forth auf und bei guter Sicht kann man

River Forth und die Halbinsel Fife

auf der anderen Seite der Bucht den Bass Rock, meist im Nebel, sehen.
Hierher gekommen aber bin ich wegen eines Mannes namens *Alexander Selkirk*. Ich kannte ihn seit meiner Jugend. Geboren wurde er im Jahre 1676 hier in Lower Largo und wurde später Seemann. Auf einer seiner Fahrten über den Pazifik setzte ihn der Kapitän des Schiffes, nach einem Streit, auf der Insel Juan Fernandez, mehr als 600 Kilometer vor der Küste Chiles, aus. Selkirk überlebte 4 Jahre und 4 Monate allein auf dieser Insel, bevor ihn ein Schiff nach England zurückbrachte. Ein Zeitgenosse von Selkirk war fasziniert von der Geschichte dieses Mannes und schrieb einen Roman über sein Leben außerhalb der Gesellschaft. Allerdings machte er ihn zum Engländer und nannte ihn *Robinson Crusoe*. Daniel Defoe wurde über Nacht mit seiner Erzählung weltberühmt. An Selkirk erinnert eine Statue des Gestrandeten an der Fassade seines Geburtshauses in der Hauptstraße des Dorfes.

Die Halbinsel Fife erstreckt sich zwischen dem Firth of Forth im Süden und dem Firth of Tay im Norden. Im Mittelalter wurde von hier aus mit Friesland, mit den Flamen und den Normannen der Seehandel betrieben. Die Hauptstadt des Disricts ist Cupar im Herzen von Fife gelegen. Meine Fahrt entlang der Südküste der Halbinsel Fife führte mich durch Weide- und Farmland und vorbei an *St. Monance* und *Anstruther*. Die Orte sind geprägt von kleinen Häusern aus Granit, wie sie auch in der Bretagne viel anzutreffen sind. Es sind Fischerdörfer, deren Blütezeit heute längst vorbei ist. Der Tourismus hat mittlerweile den wirtschaftlichen Stellenwert der einstigen Fischerei eingenommen, während sich die Fischerei auf einige wenige große Häfen wie Aberdeen oder Peterhead konzentriert. Die Orte sind sich mehr oder weniger alle ähnlich, so daß es nicht notwendig ist, jeden zu besuchen.

Besonders beeindruckt hat mich der kleine Fischerort *Crail*. In die winzigen Gäßchen, den winzigen Hafen mit seiner alten Kaimauer und in die ruhige Atmosphäre kurz vor Sonnenuntergang habe ich mich sofort verliebt. Die weißen Cottages mit ihren farbig angemalten Türen und Aufgängen sind geradezu ein Bilderbuchmotiv für Fotografen und Maler. Ein paar wenige Boote lagen seitwärts geneigt im Schlick des wegen Ebbe freiliegenden Hafengrundes. Zwei Jungs verbrauchten mit ihren selbstgebauten Angeln eine ganze Dose Würmer, ohne auch nur einen einzigen Fisch aus dem Wasser zu ziehen. Genauso stellte ich mir den Ausklang eines schönen Tages vor. Auf der alten Hafenmauer sitzend, träumte ich in den Sonnenuntergang hinein.

Leider konnte ich auf keinem der beiden Caravan Parks in Crail einen Stellplatz finden. Der Ort ist ein beliebtes Ausflugsziel für die Leute aus Edinburgh und Glasgow. Sie entfliehen an Wochenenden und Feiertagen ihren Städten und suchen ihre Erholung auf Fife. Und viele von ihnen sind passionierte Camper. So war ich gezwungen, noch nachts weiterzufahren bis St. Andrews.

In *St. Andrews* angekommen, wurde ich auf dem Kinkell Braes Caravan Park vom Warden im Schlafanzug und bewaffnet mit einer Taschenlampe begrüßt. Es war fast Mitternacht. Ich solle ihm nicht böse sein, aber wegen

River Forth und die Halbinsel Fife

Schiff in Sicht…? Robinson Crusoe auf Ausblick

Siesta auch in Schottland

mir könne er nun wirklich unmöglich noch sein Büro aufmachen. Er wies mir einen Platz zu und meinte, ich solle ihm die Übernachtungsgebühr vor meinem Verlassen doch bitte in den Briefkasten am Büro werfen. Denn so früh, wie ich weiterfahren wollte, sei er noch nicht ansprechbar. Vertrauen gegen Vertrauen.

St. Andrews ist bei Golfspielern berühmt. Nicht nur finden hier die „British Open" statt, auch sind es die Mitglieder des *Royal and Ancient Golf Club*, die die internationalen Golfregeln festlegen. Da ich mir persönlich aus dem „Bällchen-in-Löcher-schießen" ebensowenig mache wie aus Pferderennen, begann ich früh morgens meinen Besuch in der *St. Andrews Cathedral*. Das einst geistliche und religiöse Machtzentrum in Schottland ist heute nur noch eine Ruine. Nach ihrer Zerstörung durch die Reformation diente das Bauwerk der Bevölkerung als Steinbruch, so daß bis heute nur noch Teile der Ost- und Westfront sowie das Torhaus als Mauerreste überlebten. Ein *Visitor Centre* weiht den interessierten Besucher in die Details seiner Geschichte ein.

Ein paar Minuten zu Fuß entfernt erreichte ich *St. Andrews Castle*, vor dessen Toren eine Erinnerungstafel hinweist auf den Protestanten George Wishart. Er wurde vom hier residierenden Kardinal der Ketzerei beschuldigt und, als Mitstreiter von John Knox, am 1.3.1546 an dieser Stelle verbrannt. Der Kardinal bezahlte diese Tat wenige Tage später mit seinem Leben. Freunde von Wishart verschafften sich Zugang in den Palast, brachten den Kardinal um und hängten ihn an den Außenmauern seines Schlosses auf. Anschließend kam es zur Bildung der

ersten Kongregation der Protestantischen Kirche von Schottland.
Ich verließ St. Andrews auf der A919 in Richtung Dundee. In dem kleinen Ort Leuchars bog ich rechts ab. Über teilweise einspurige Forst- und Feldwege ging es zu dem etwa sieben Kilometer entfernten *Tentsmuir Forest*. Die Straße endete an einem großen Waldparkplatz mit Picknicktischen und einem Spielplatz. Kaum hatte ich meinen Camper abgestellt, als auch schon der verantwortliche Förster auf mich zukam und sich fünfmal entschuldigte dafür, daß ich mit dem Wohnmobil leider hier nicht übernachten könne. Dies sei aus Gründen des Feuer- und Naturschutzes so. Deswegen würde auch nachts die Eingangsschranke geschlossen. Vom Parkplatz aus kann man lange Waldspaziergänge unternehmen und hundert Meter weiter eröffnen sich hinter den Dünen kilometerweite Sandstrände. Ein Abstecher hierher lohnt sich bei schönem Wetter in jedem Fall.

River Forth und die Halbinsel Fife

AUSKUNFT
Stirling
Loch Lomond, Stirling and Trossachs Tourist Board, Dumbarton Road, Stirling FK8 2QQ,
Tel.: 01786/475019.
St. Andrews
St. Andrews and North East Fife Tourist Board,
St. Andrews KY16 9NU, 70 Market Street,
Tel.: 01334/472021.
Wettertelefon: 01891/200842

ÜBERNACHTUNG
Die Halbinsel Fife ist das Naherholungsgebiet der Schotten aus Edinburgh und Glasgow. An Wochenenden und an Bank Holidays ist es in der Regel sehr schwierig, auf den Caravan Parks einen Platz zu bekommen (bei schönem Wetter).
Elie, Shell Bay Caravan Park, Fife KY9 1HB, Tel.: 01333/330283. Weitläufiges Dünengelände mit Restaurant, Amusement und Spielplätzen. Gute Ausstattung.
St. Andrews, Kinkell Braes Caravan Park, St. Andrews, Fife KY16 8PX, Tel.: 01334/474250.
Culross: Auf den Parkplätzen jeweils an der Ortsein- und -ausfahrt kann man den Camper über Nacht abstellen.

PARKEN
In den Orten findet man im Regelfall Möglichkeiten zu parken. Schwierig ist es nur in direkter Nähe der Sehenswürdigkeiten.

HIGHLIGHTS
* Linlithgow Palace (Öffnungszeiten: Apr.–Sep. Mo.–Sa. 9.30–18.30 Uhr, So 14.00–18.30 Uhr, Eintritt 2,00/0,75 Pfund). Parkplatz mit Picknickbänken direkt am Schloß.
* Bannockburn Heritage Center (Öffnungszeiten: Apr.–Sep. Mo.–Sa. 9.30–18.30 Uhr, So 14.00–18.30 Uhr, Eintritt). Für die Schlachtfelder und das Denkmal ist der Eintritt frei. Ein großer Parkplatz befindet sich hinter dem Besucherzentrum.
* Stirling Castle (Öffnungszeiten: Apr.–Sep. Mo.–Sa. 9.30–18.30 Uhr, So 14.00–18.30 Uhr, Eintritt 3,50/1,00 Pfund). Gebührenpflichtiger Parkplatz oben am Schloß (1,00 Pfund). In Stirling ist es schwierig zu parken.
* Culross, historisches, für die Halbinsel Fife typisches Fischerdorf. Parkplätze jeweils am Ortseingang und Ortsausgang. In Culross keine Parkmöglichkeiten.
* Crail, idyllisches Fischerdorf, sehr schöner alter Hafen.
* St. Andrews Cathedral (Öffnungszeiten: Apr.–Sep. Mo.–Sa. 9.30–18.30 Uhr, So 14.00–18.30 Uhr, Eintritt frei).

WEITERE AUSFLÜGE
* Lower Largo, Geburtsort von Alexander Selkirk (Robinson Crusoe)
* Wallace Monument (Öffnungszeiten: April–Okt, tägl. 10.00–17.00 Uhr)
* Tentsmuir Forest, Wald- und Dünenlandschaft für Spaziergänge. Parken 0,50 Pfund.

Land der Berge und Schlösser

Die drei Kilometer lange Tay Road Bridge über den Firth of Tay führt direkt hinein nach *Dundee*. Die Brücke hat einen Fußgängerweg und eine Aussichtsplattform, von der aus man einen schönen Blick auf die viertgrößte Stadt Schottlands hat. Die erste Tay Bridge wurde als Eisenbahnbrücke im Jahre 1878 eingeweiht und war zu der Zeit die längste Brücke der Welt. Sie stand gerade ein Jahr, als sie während eines Sturmes 1879 zusammenbrach und einen Personenzug mit in die Tiefe riß. Theodor Fontane verewigte die Katastrophe neun Jahre später in seinem Gedicht „Die Brücke am Tay".

Dundee hat 175.000 Einwohner und ist eine stark industriell geprägte Stadt. Klein- und Mittelbetriebe in den Bereichen Kunstfaser, Biotechnologie, Apparatebau und Feinmechanik haben die ursprünglich bedeutenden Webereien und die Jutefertigung abgelöst. Traditionell stark ist der Schiffsbau.

Ein Schiff war es auch, das ich als Highlight in Dundee besichtigte, die *Discovery*. Captain Robert Scott unternahm in den Jahren 1901 bis 1904 eine Antarktisexpedition. Diese lange Zeitspanne war freilich nicht geplant, als das Schiff im Juni 1901 Dundee verließ. Nach mehreren Zwischenaufenthalten auf der langen Reise ankerte die Discovery schließlich am 8. Februar 1902 bei Ross Island in der Antarktis. Vom Einbruch des Winters am Südpol – in diesen Ausmaßen ungewöhnlich – überrascht, sollte die Besatzung zwei Jahre auf Ross Island verbringen müssen. Die Discovery fror im Eis fest und konnte erst zwei Jahre später, am 16. Februar 1904, durch gezielte Sprengungen in der sowieso bereits schmelzenden Eisdecke freigesetzt werden. Das Überleben der Besatzung, die Geschichte des Schiffes und die liebevoll restaurierte Discovery selbst können heute am *Discovery Point* bestaunt werden. Audiovisuelle Präsentationen, Ausstellungen über die rauhe Natur der Antarktis und die Möglichkeit, das Schiff auf und unter Deck zu besichtigen, ließen mein „Forscher-Herz" höher schlagen. Denn uns Reisenden ist ein gewisser Entdeckertrieb ja nicht ganz fremd und so mancher große Name fand sich schon auf Wohnmobilen als Modellname wieder.

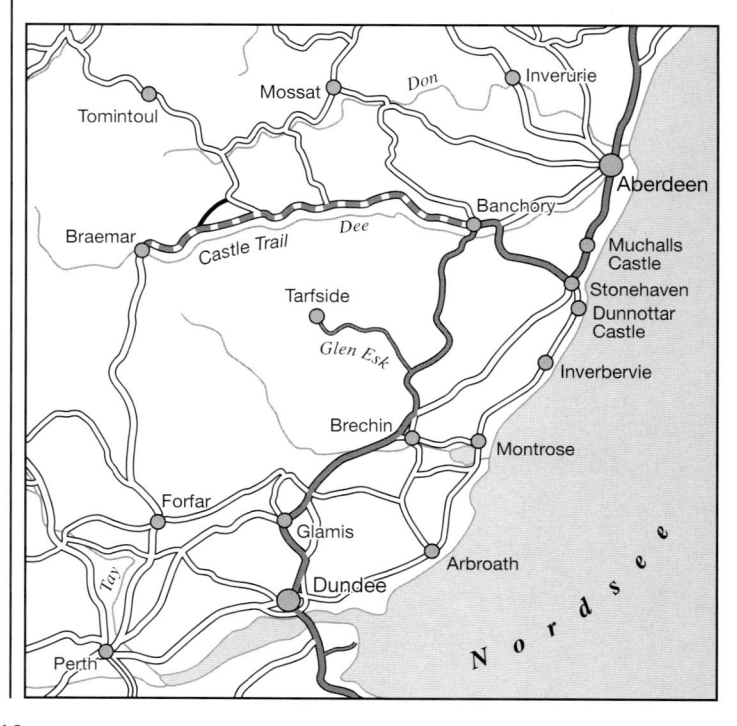

Land der Berge und Schlösser

Ein paar hundert Meter weiter, östlich der Tay Bridge, liegt das älteste noch fahrtüchtige Kriegsschiff der Britischen Marine, die HM Unicorn. Das Schiff lief 1824 vom Stapel. Trotz der noch nicht ganz fertiggestellten Restaurierungsarbeiten kann der Schiffskörper besichtigt werden. Die Deckaufbauten und die Masten werden in den nächsten Jahren, so die Planung, das Schiff komplettieren. Beeindruckt haben mich die Kanonendecks ebenso wie die haarsträubenden Lebens- und Arbeitsbedingungen der damaligen Zeit. Als durchschnittlich groß gewachsener Mitteleuropäer ist man gezwungen, sich unter Deck gebückt zu bewegen, um sich an den niedrigen Decken nicht den Kopf zu stoßen.

Dundee besitzt heute praktisch keine historischen Gebäude mehr, da es in der Geschichte stets heftig umkämpft war. Das Zentrum um den City Square ist heute Fußgängerzone und Shopping Center.

Mit den Verkehrszeichen in Großbritannien glaubte ich mittlerweile vertraut zu sein. In Dundee jedoch stieß ich auf ein Schild, das ich bislang noch nicht kannte und das sich letztendlich als ein lokales Kuriosum entpuppte: *alcohol free zone*. Im Klartext soll es heißen, daß in der Öffentlichkeit kein Alkohol getrunken werden darf, aus Jugendschutzgründen. Sofort wurde ich an die USA erinnert, wo ähnliche Gesetze gelten. Dort allerdings ging man dazu über, die Bier- und Weinflaschen einfach in Papiertüten einzuwickeln, damit die Flaschen nicht zu sehen sind. Widersinnigerweise gilt aber diese Augenwischerei als gesetzeskonform. Außer in Dundee scheint dies aber in Schottland kein Problem zu sein.

Ich verließ den Ort in Richtung Norden. Nach dem Hafen folgte ich den Schildern nach Coppar und Angus über die A923. Die Straße führt in der Stadt den Berg hinauf und oben nach dem Tunnel biegt sie links ab in Richtung Forfar und Aberdeen über die A90. Die A90 ist umbenannt worden, so daß sie in älteren Karten noch als A92 auftaucht.

Nach etwa acht Kilometern auf dem gut ausgebauten Highway nahm ich die Ausfahrt Kirriemuir nach *Glamis Castle*. Die Straße führte nun mitten hinein in die Grampian Mountains. Weite Farmlandschaft und der Blick auf die im April noch schneebedeckten Berge im Hintergrund ließen langsam „Highland-Stimmung" aufkommen.

Glamis Castle
In keltischer Zeit gab es Orte, die als heilige Wohnsitze uralter Luft- und Erdgeister galten. An einem solchen Ort wurde das Schloß von Glamis erbaut. Die Geister, in ihrer Ruhe gestört, ließen die Festung in die Geschichte eingehen als einen Ort, der bevölkert ist von Legionen von Wesen aus einer anderen Welt.

So erzählt man sich, daß gegen Ende des 19. Jahrhunderts der Erbe von Glamis in Gestalt eines Monsters geboren worden sei. Dieses arme, mißgestaltete Geschöpf, mehr Kröte als Mensch, soll ungeheuer stark gewesen sein. Auch sagte man ihm einen unstillbaren Durst nach Menschenblut nach. Deshalb versteckte man diese Kreatur mit den Zügen eines Vampirs in einem geheimen Raum irgendwo innerhalb der fünf Meter starken Mauern des Schlosses. Das Geheimnis seines schrecklichen Aufenthaltsortes und seine genaue Identität waren nur wenigen Per-

Land der Berge und Schlösser

sonen bekannt. Als dieses unglückliche Wesen in sehr hohem Alter starb, gab es über seinen Tod keine Eintragungen in den Büchern. Doch auf dem Dach des Schlosses ist eine Stelle bekannt als „Weg des verrückten Grafen". Das Monster soll hier jede Nacht ausgeführt worden sein.

Glamis Castle findet im Jahre 1372 seine erstmalige urkundliche Erwähnung und ist bis heute der Wohnsitz der Grafen von Strathmore und Kinghorne. Das ursprüngliche Schloß ist nur zu einem kleinen Teil erhalten. Die beeindruckende Krypta, die mittelalterliche Küche, einer der alten Wachräume sowie Duncans Hall können heute noch besichtigt werden. Diese Kellergewölbe mit ihren schweren Eisentüren wurden durch Shakespeares Drama „Macbeth" berühmt. Shakespeare ließ Duncan durch Macbeth in einem Schloß ermorden und den Schauplatz dieser düsteren Saga fand man just in Glamis Castle. Der historische Duncan freilich fiel auf dem Schlachtfeld bei Elgin.

Die prächtige Anlage, wie sie sich heute dem Besucher präsentiert, entstand im 17. Jahrhundert im Rahmen von großangelegten Umbau- und Erweiterungsarbeiten. Im 18. Jahrhundert kamen der Italienische Garten und die großangelegten Parkanlagen hinzu. Seit 1372 ist das Schloß königlicher Wohnsitz. Die Queen Mother, Mutter Königin Elisabeths II., hat hier im Schloß ihre Kindheit verbracht.

Normalerweise sind Schloßführungen für mich kein so sehr interessantes Ereignis. Man bekommt Jahreszahlen, Namen von Earls und Lords präsentiert und beim Verlassen der Gemäuer hat man in der Regel nichts verstan-

Einst festgefroren im Packeis: Die Discovery

50

den. Dennoch schloß ich mich einer Führung in *Glamis Castle* an, die ich dann sogar noch zweimal wiederholte. Und das, obwohl ich von dem Vortrag im reinsten schottischen Dialekt nur Bruchteile verstand. *Alistair* ist in Glamis seit langem eine Institution geworden. Er ist ein Original, der seit vielen Jahren Führungen durch das Schloß macht und der die Geschichte nicht nur kennt, sondern auch mit ihr lebt. Wenn er erzählt, dann leben seine Geschichten: der witzige Kobold, der jedem Eintretenden den Fuß stellt, die Ereignisse um die geheimen Räume und Gänge, all die bis heute ungeklärten Abstrusitäten in den alten Gemäuern und die vielen Generationen von Grafen und Schloßjungfern. Sie alle werden mit Alistairs Geschichten wieder zum Leben erweckt. Beinahe sieht man die Zeugen der Geschichte durch die Räume wandeln.

Glamis Castle ist mit etwa 220.000 Besuchern jährlich eines der meistbesuchten Schlösser Schottlands. Es werden täglich unzählige Führungen durchgeführt. Fragen Sie nach Führungen von Alistair – es lohnt sich auch darauf zu warten. Eventuelle Wartezeiten kann man sich gut im Schloßpark vertreiben. Schauen Sie sich die urigen Highland Cattle (die Hochlandkühe) an oder legen Sie auf den Picknickbänken eine Mittagspause ein. Ein Kinderspielplatz bietet auch für die Kleinen gute Unterhaltung.

Die A94 führt zurück auf den Highway in Richtung Aberdeen. Auf der A90 fährt man entlang des River South Esk und links sind die Grampian Mountains zu sehen. Für einen Abstecher von etwa einem halben Tag entschied ich mich auf halbem Weg und nahm die Ausfahrt nach Brechin, Edzell und Fettercairn, um in die Grampians hineinzufahren. Zwischen Etzel und Fettercairn führte ein winziges Sträßchen nach einer kleinen Brücke über den River North Esk links ab nach Glenesk, Tarfside und Invermark. Über die sehr hügelige und kurvige Straße am North Esk entlang fuhr ich durch kleine Birkenwäldchen, vorbei an niedrigen, moosbewachsenen stonewalls und an von Farn überwucherten Hainen. Die Sonne schien durch die dicht gewachsenen Bäume und hinterließ auf der

Ein alter Friedhof am Loch Lee

River North Esk

51

Land der Berge und Schlösser

Straße nur noch einige Sonnenflecken. Ich wurde erinnert an das, was man in Australien als Bushlands bezeichnet. Weiter hinten im Tal trafen die kahlen, moorüberzogenen Hochlandhügel zusammen mit einer von niedrigen und krüppeligen Bäumen bewachsenen Flußlandschaft. Diese Strecke darf man nicht durchrasen, man muß sie einfach „entlangzockeln" und auf sich wirken lassen.

Das Tal ist eine „Sackgasse", an deren Ende sich in Invermark ein Parkplatz befindet, der Ausgangspunkt mehrerer Wanderwege ist. Von hier aus kann man Wanderungen unternehmen, die auf Tafeln am Parkplatz beschrieben sind. Aber auch nur kleinere Spaziergänge zum Loch Lee sind es wert, das Wohnmobil zu verlassen. Vorbei an einer alten Ruine folgt der Weg weiter dem Fluß. Das älteste Grab auf einem Friedhof direkt am See ist datiert auf das Jahr 1746. Einige Gräber mit sehr kleinen unbehauenen Steinen, ohne jeden Schriftzug, erinnern an die meist in großer Armut lebenden Bauern der letzten zwei Jahrhunderte, die sich einen Grabstein nicht leisten konnten.

Ich verließ Invermark und fuhr das Tal wieder zurück. Nach genau zwanzig Kilometern befindet sich rechts an der Straße eine winzige Parkbucht, in der gerade ein Auto Platz findet. Ein Schild „take care of fire" ist angebracht. Von hier aus führt ein Weg über Privatland in die *North Esk Gorge*. Der Fluß hat sich an dieser Stelle tief in die Felsen gegraben und mit gutem Schuhwerk kann man sehr schön in den Felsen herumklettern, ein etwa zwanzigminütiger Ausflug, der sich lohnt. Ich übernachtete auf dem Glenesk Caravan Park, der sich hundert Meter hinter der North Esk Gorge links in einem Waldstück befindet. Es ist ein sehr idyllisch mitten im Wald an einem kleinen Weiher gelegener Platz. Die Einstellplätze sind geschottert und weit genug voneinander entfernt angeordnet, so daß man praktisch im Wald steht. Die Sanitäranlagen sind einfach, aber sauber.

Kein Baum und kein Strauch unterbrach die weitläufige Landschaft. Kahles Hochmoor war mit Heidekraut überzogen, soweit das Auge reichte. Aber mein Blick reichte gerade mal etwa 50 Meter weit, als ich im frühen Morgengrauen Glenesk verließ und über den *Pass Bridge of Dye* weiter nach Norden fuhr. Im ersten Gang quälte ich mich die steile Paßstraße hinauf. Der Wind blies Wolkenfetzen über den Kamm und das Wohnmobil schwankte erheblich, wenn ich in den Haarnadelkurven dem Wind meine Breitseite bot. Als die Menschen früher durch diese Landschaft reisten, mußten sie in langen Wanderungen, jedem Wetter ausgesetzt, ihre Packesel über schlammige Pfade treiben. Sie mußten das Moor perfekt kennen, um sich im nebligen Regen in dieser orientierungslosen Landschaft nicht zu verlaufen. Daß diese Menschen hinter einsam stehenden Büschen oder einzelnen, verkrüppelten Bäumen in der diesigen Dämmerung Geister, Feen und Hexen zu sehen glaubten, wunderte mich plötzlich nicht mehr. Ich stand auf dem *Cairn O'Mount*, dem Gipfelpunkt des Passes und ließ mir Theodor Fontane durch den Kopf gehen. Seine Reiseeindrücke veröffentlichte er im Jahre 1862 in „Jenseits des Tweed". Mit einem sehr feinen Gefühl für die mystischen Traditionen dieses Landes beschrieb er diese Anderswelt in faszinierender Art und Weise. Fontane hatte aber auch die besten Voraussetzungen, um dieses Land kennenzulernen. Er reiste nicht im Zeitalter der bequemen Wohnmobile, sondern zu Fuß und war Regen, Nebel und Wind ausgesetzt.

Der Glaube an das Übernatürliche blühte vor allem in Gebieten mit auffallenden geographischen Besonderheiten: Undurchdringliche Wälder mit seltsam geformten Felsen, dunkle, unheimliche Seen und Flüsse waren immer prädestiniert für das Übersinnliche. Das Christentum war durchsetzt von älteren, geheimnisvollen Riten der heidnischen Zeit. In den langen, düsteren Winternächten entstanden jene Zaubersprüche, Sagen und Lieder, die man sich am Feuer erzählte und die von Generation zu Generation weitergegeben wurden. So war der Aberglaube seit Jahrhunderten tief in der Gesellschaft verwurzelt. Obwohl die letzte Hinrichtung 1722 im Namen des vom schottischen Parlament erlassenen offiziellen Hexen-Gesetzes erfolgte, lebte der Aberglaube in der Bevölkerung fort: Der letzte große in Schottland nachgewiesene Alk – der Alk war ein mittlerweile ausgestorbener Vogel ähnlich dem Albatros – wurde 1821 in Kilda gefangen, drei Tage lang gefesselt und dann erschlagen, weil man ihn für eine Hexe hielt.

In Schottland gibt es unzählige Burgen und Schlösser. Eine Anhäufung derselben stellt der *Castle Trail* zwischen Peterculter und Braemar dar. Auf diese *Straße der Schlösser*, die dem Verlauf der A93 entspricht, stieß ich in Banchory und folgte ihr ein kleines Stück in Richtung Aberdeen. Vier Kilometer nach Banchory liegt *Crathes Castle*, das durch seine Magnolien-, Oleander- und Rosengärten besticht.

Meinen Schottland-Aufenthalt wollte ich bereichern durch ein landestypisches Erlebnis. In der Ortschaft Crathes bog ich also ab auf die A957 in Richtung Stonehaven. Mein Ziel war *Muchalls Castle*, einer jener unzähligen Gutsbesitze, die mit Befestigungsanlagen nicht gegen fremde Armeen, sondern gegen die eigenen Nachbarn versehen wurden.

Ich durchquerte den urwüchsigen Garten und die Raben in den Bäumen krächzten ihren Unmut darüber heraus. Über dem Eingangsportal war eine Steinplatte angebracht, mit dem Wappen des Erbauers und den gerade noch lesbaren Jahreszahlen 1619–1627. Glenda Cormack, die Besitzerin des Anwesens führte mich als erstes in mein „Zimmer". Über eine enge Turmtreppe, vorbei an einer schwarzen venezianischen Kutte kroch ich durch nur schulterhohe Türen und enge, dunkle Gänge hinauf in mein Schlafgemach. Als ich eintrat, verschlug es mir beinahe den Atem, vor mir lag The Laird's Bedroom, ein stilechtes Turmzimmer, in dem James VIII., „The Old Pretender", einst genächtigt haben soll. Nach einem ebenfalls stilechten Diner im Gewölbesaal saßen wir am Kaminfeuer der Great Hall und kurz vor Mitternacht begann Glenda, von den zwei Geistererscheinungen zu erzählen, die diesem Haus nachgesagt werden. Norman Adams, der große britische Geisterforscher war deshalb schon hier gewesen. Natürlich hatte ich nach dem Hausgespenst gefragt und wollte mich für die Nacht in die richtige Stimmung versetzen, was mir auch letztendlich gelang. Ich war bereits in meinem Gemach unter dem

Land der Berge und Schlösser

Land der Berge und Schlösser

gold and crimson canopy versunken, als ich mich dabei ertappte, wie ich wieder aufstand, um mein schweres Kamera-Stativ vor die nicht abschließbare Tür zu stellen. Zu meiner Enttäuschung wachte ich am anderen Morgen auf, ohne eine Erscheinung gehabt zu haben, das Stativ stand noch an seinem Platz und auch die venezianische Kutte hatte sich offensichtlich nicht bewegt.

Glenda vermietet in ihrem Schloß drei Zimmer an Reisende, die dem schottischen Flair und der Geschichte interessiert gegenüberstehen. Den privaten Kontakt zu ihren Gästen stellt sie ganz vorne an, so daß der Besucher nur zu fragen braucht – nach Geschichten.

Warum gibt es nun gerade in Schottland derart viele mit Gespenstergeschichten verbundene Schlösser. Die Antwort darauf gab mir Nick, der Geschäftspartner von Glenda. Er ist Engländer, und kann die schottische „Liebe zu Geistern" nicht so ganz teilen. Er erzählte: „Sehen Sie, im Gegensatz zu den anderen europäischen Ländern herrschte in Schottland noch bis ins 19. Jahrhundert hinein kein law and order, es gab keine gesetzgebende Verwaltung oder Regierung. Es herrschte das Faustrecht. Andererseits war Schottland seit jeher ein karges und damit armes Land. So war es an der Tagesordnung, daß man sich – einfach auch, um zu überleben – gegenseitig das Vieh stahl. Damit waren Morde recht häufig, ohne daß die Täter zur Verantwortung gezogen wurden. Viele der Geschichten darüber haben bis heute überlebt."

Südlich der kleinen Stadt Stonehaven liegt die Ruine von *Dunnottar Castle*. Interessant sind die Überbleibsel des

Das meistbesuchte Schloß Schottlands: Glamis Castle.

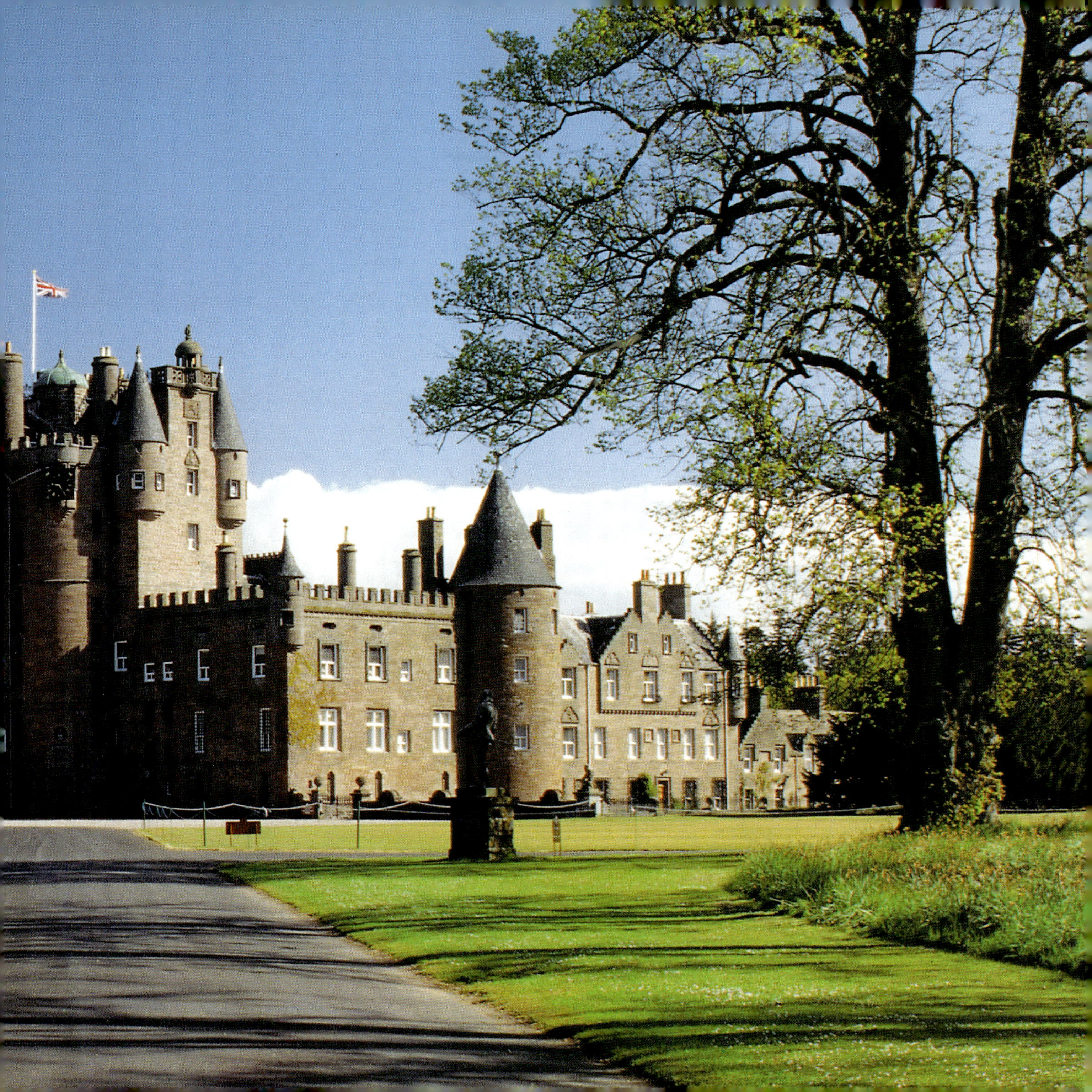

Land der Berge und Schlösser

aus dem 14. Jahrhundert stammenden Schlosses wegen ihrer exponierten Lage. Die Festung wurde auf einem, aus dem Meer ragenden steilen Felsen erbaut, der ideal zu verteidigen war. Die schottischen Kronjuwelen wurden hier während der Wirren des Bürgerkrieges vor den herannahenden Engländern versteckt.

Aberdeen

Aberdeen ist mit 215.000 Einwohnern die nördlichste Großstadt des United Kingdom. Trotz der Größe ist das Stadtzentrum sehr gut zu Fuß zu erkunden. Nur Old Aberdeen sollte man mit dem Fahrzeug oder mit öffentlichen Verkehrsmitteln besuchen. Im Gegensatz zu den aus weichem Sandstein gebauten Städten Glasgow und Edinburgh ist Aberdeen aus Granit gebaut, was ihr auch den Spitznamen Silver City einbrachte. Denn man sagt der Stadt nach, der Sonnenschein würde in dem Stein glänzen wie tausend Spiegel (durch den hohen Glimmeranteil im Granit) und bei Regen würde der graue Himmel reflektiert. Als ich in Aberdeen ankam, wurde wahrscheinlich gerade grauer Himmel reflektiert. Sehen konnte ich es nicht, da ich aufgrund des strömenden Regens meine Kapuze so tief ins Gesicht gezogen hatte, daß außer dem Straßengrau vor mir nichts zu sehen war. Um den Tag dennoch zu retten, erstand ich im Tourist Office für ein Pfund den offiziellen Pub Guide, den Führer durch alle Pubs der Stadt. Aber auch das half nicht, am Ostersamstag waren restlos alle Pubs geschlossen.

Der Name Aberdeen bedeutet Mündung des River Dee. Während der Industriellen Revolution siedelten sich in Aberdeen Papier- und Textilfabriken an. Die Werften am Dee bauten die zu ihrer Zeit schnellsten Segelschiffe der Welt. Heute ist die Stadt Schottlands größter Fischereihafen und entwickelte sich seit Ende der sechziger Jahre zu Europas Ölmetropole. Von hier aus wird ein großer Teil der Ölfelder in der Nordsee verwaltet, organisiert und versorgt. Der Ölboom führte zu einer großen Zuwanderung von Arbeitskräften, die sich im weiten Umland niederließen. Wenn man beispielsweise von Westen her in die Stadt fährt, dann fallen einem schon ab Peterculter, zwanzig Kilometer vor Aberdeen, die außergewöhnlich vielen edlen Landhäuser auf, die in einer solchen Konzentration für Schottland ungewöhnlich sind. Auch die normalen Reihenhäuser sind durch ihren großzügigeren Charakter ein Gradmesser für den Ölreichtum der Stadt.

Das älteste Gebäude der Stadt ist der Turm des *Tolbooth*, früher Rathaus und Kerker. Es liegt am Castlegate, seit dem Mittelalter Zentrum der Stadt. Das Schloß selbst existiert nicht mehr. Hier auf dem Castlegate soll Mary Stuart der Hinrichtung eines ihrer Bewunderer beigewohnt haben, der hier auf

Rathaus aus Granit: Der Tolbooth in Aberdeen

der „Aberdeen Maiden" hingerichtet worden sein soll, einer schottischen Ausgabe der Guillotine. Zu dieser Zeit war es offensichtlich lebensgefährlich, außerständische Beziehungen anzustreben.

In dem im 16. Jahrhundert erbauten *Provost Ross's House* ist das *Aberdeen Maritime Museum* untergebracht. Man kann sich hier über die Fischerei- und Seefahrtsgeschichte bis hin zum Ölboom der Stadt informieren. Das Gebäude selbst gilt als das einzige noch existierende aus dem alten Hafenviertel. Der Hafen von Aberdeen ist heute einer der großen Fischereihäfen Schottlands und wird dominiert von industriellen Verladeanlagen sowie dem Terminal, von dem aus die Fähren die Verbindung zu den Shetlands und nach Norwegen herstellen. Die Versorgungsschiffe für die Ölplattformen der Nordsee nutzen Aberdeen ebenfalls als Stützpunkt. So ist das Hafengelände wenig interessant für eine Besichtigung.

Die *East and West Churches* oder auch die *Kirk St. Nicholas* wurde während der Reformation in zwei Hälften aufgeteilt. Die Westkirche repräsentierte den protestantischen Glauben, während sich in der Ostkirche die traditionell katholische Gemeinde versammelte. St. Mary's Chapel war ebenfalls katholisch und diente im 17. Jahrhundert als Gefängnis für vermeintliche Hexen, die auf ihren Prozeß warten mußten. Die Glaubensdifferenzen waren es auch, die 1593 zu der Gründung des protestantischen *Marischal Colleges* führten, das den Gegenpol zu dem bereits seit 1494 bestehenden *King's College*, das im heutigen Stadtteil Old Aberdeen liegt, bilden sollte. So hatte jede Konfession in Aberdeen ihre eigene Universität, bis sich die Hochschulen 1860 zu der University of Aberdeen zusammenschlossen. Das *Marischal College* soll das zweitgrößte Granitgebäude der Welt sein, nur noch übertroffen von einem Kloster bei Madrid. Im Marischal Museum sind heute ethnographische Sammlungen sowie Antiquitäten aus der näheren Umgebung ausgestellt, aber auch ägyptische und chinesische Kunstschätze.

Mit dem 1545 gebauten *Provost Skene's House* mit seinen hohen Giebeltürmen und dem daneben gebauten modernen Einkaufszentrum *St. Nicolas Center* prallen die architektonischen Gegensätze der Jahrhunderte aufeinander. Ein paar Meter Straße und mehr als 430 Jahre Baukunst trennen diese beiden Gebäude. Provost Skene's House ist heute als Museum zu besichtigen, in dem die Geschichte des Hauses in Form einer Videopräsentation erläutert wird. Zeitgenössische Raumeinrichtungen und Deckenmalereien sind ein schöner Rahmen für Ausstellungen über die örtliche Geschichte.

Wenn man auf der Kings Street nach Norden fährt erreicht man *Old Aberdeen*. Der Ort, früher eine eigenständige Gemeinde, war bis Ende des letzten Jahrhunderts mit eigenen Marktrechten ausgestattet. Der heutige Stadtteil liegt nördlich der Aberdeen City am River Don und ist zu Fuß mit vernünftigem Zeitaufwand nicht zu erreichen. Das *King's College* bietet mit seinen Kunstwerkstätten, den kopfsteingepflasterten Straßen und der mittelalterlichen Fassade eine besondere Atmosphäre. Rund um dieses Studentenviertel finden sich gemütliche Pubs.

Land der Berge und Schlösser

Land der Berge und Schlösser

Feen und Geister hinter jedem Baum und Strauch... Am Pass Bridge of Dye

AUSKUNFT
Dundee
Dundee Tourist Board, 4 City Square, Dundee DD1 3BA, Tel. 01382/434664
Aberdeen
Aberdeen Tourist Board, St. Nicholas House, Broad Street, Aberdeen AB9 1DE, Tel.: 01224/632727
Wettertelefon: 01891/200842 – Wandern und Bergsteigen: 01891/333197

ÜBERNACHTUNG
Glamis
Drumshademuir Caravan Park, Roundyhill, Angus DD8 1QT, Tel. 01575/573284
Glen Esk
Glenesk Caravan Park, Edzell, Angus DD9 7YP, Tel. 01356/648565 (geöffnet April-Okt). Ein idyllisch gelegenes, großes Gelände mitten in einem Waldstück. Man steht mit dem Camper auf befestigten (Kies) geräumigen Stellplätzen. Die sanitären Einrichtungen sind sauber, aber für die Größe des Platzes zu wenig.
Muchalls Castle
bei Stonehaven, Kincardineshire AB3 2RS, Tel. 01569/731170. Voranmeldung notwendig.
Aberdeen
10 km außerhalb v. Aberdeen, South Deeside Road, Maryculter, Aberdeen AB1 0AX, Tel. 01224/733860

PARKEN
Im Stadtzentrum von Aberdeen ist Parken nahezu unmöglich. Ich empfehle, einen Parkplatz in den Wohngebieten, die an das Zentrum anschließen, zu suchen. Von da sind es zu Fuß etwa 15 Minuten in die City.

HIGHLIGHTS
* Discovery Point, Dundee (Öffnungszeiten: ganzjährig 10.00–17.00 Uhr, So. 11.00–17.00 Uhr). Gebührenpflichtiger Parkplatz auf dem Gelände.
* Glamis Castle (Öffnungszeiten: Apr.-Okt. 10.30–17.30 Uhr). Gebührenpflichtiger Parkplatz.
* Glen Esk, Flußtal für Ausflugsfahrt und Wandern.
* Aberdeen mit
  Tolbooth am Marktplatz
  Maritime Museum (Öffnungszeiten: Apr.-Okt. 10.30–17.30 Uhr)
  Marischal College und Museum (Öffnungszeiten: ganzjährig Mo.-Fr. 10.00–17.00 Uhr, So. 14.00–17.00 Uhr/Eintritt frei)
  King's College, Old Aberdeen, High Street. Eintritt frei.
  Provost Skene's House (Öffnungszeiten: ganzjährig Mo.-Sa. 10.00–17.00 Uhr/Eintritt frei)

WEITERE AUSFLÜGE
* Castle Trail
* Dunnottar Castle (Öffnungszeiten: März–Okt. Mo.-Sa. 9.00–18.00 Uhr, So. 14.00–17.00 Uhr; im Winterhalbjahr an Wochenenden geschlossen).
* Provost Skene's House, Aberdeen (Öffnungszeiten: ganzjährig Mo.-Sa. 10.00–17.00 Uhr). Parkplatz vorhanden.

Land des Whiskys und der Schmuggler

Über die A92 verließ ich Aberdeen in Richtung Norden. Etwa siebzehn Kilometer hinter Aberdeen folgte ich dann der A975 nach Newburgh.

Der kleine Ort *Collieston* ist heute nicht mehr als eine unauffällige moderne Wohnsiedlung, nicht wert, gesondert erwähnt zu werden. Seine Blütezeit liegt weit zurück in der Geschichte. Durch die felsige Küste jedoch mit ihren unzugänglichen Seehöhlen und die weiten Dünenlandschaften südlich des Dorfes hatte der Ort ideale Voraussetzungen für das in früheren Zeiten allgemein blühende Handwerk des Schmuggelns. Als England im 18. Jahrhundert versuchte, auch die Whiskyproduktion durch unerschwingliche Brennlizenzen unter ihre Kontrolle zu bringen, wurde das Thema Whisky zur nationalen Herausforderung für die Schotten. Man nimmt an, daß damals jeder zweite Schluck Whisky illegal gebrannt wurde. Angeblich gab es acht legale Destillerien im Land und etwa achthundert Schwarzbrennereien. Der „moonshine", der illegal im Schutze der Dunkelheit destillierte Whisky war also eher die Regel als die Ausnahme und die Schmuggler wurden zu angesehenen Mitgliedern der (schottischen) Gesellschaft. In den Jahren der „Schottischen Prohibition" zwischen 1717 und 1823 genossen sie das Ansehen symbolischer Widerstandskämpfer.

In Collieston wurden in dieser Zeit, so die Schätzungen eines örtlichen Beamten, monatlich etwa 8.000 Gallonen Alkohol geschmuggelt. Der Ort wäre kein echtes schottisches Dorf, wenn nicht diese alten Schmugglergeschichten überlebt hätten. Beim Eintreten in den *Kirkton of Slains*, den örtlichen Friedhof, fand ich gleich am Eingang das Grab von Phillip Kennedy. Er war einer der angesehensten Schmuggler-Persönlichkeiten der Gegend und fand am 19. Dezember 1798 seinen berufsbedingten Tod. Während des Entladens einer Schmuggelladung wurden er und seine Mannschaft von einer Zoll-Patrouille überrascht. Während des anschließenden Kampfes flohen seine Männer. Mit gespaltenem Schä-

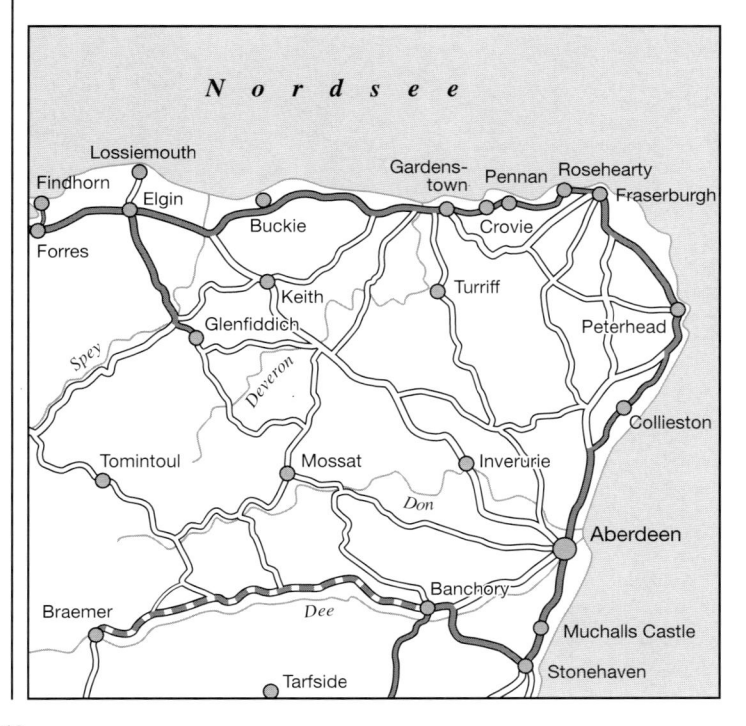

Land des Whiskys und der Schmuggler

del – so erzählt es die Sage – konnte sich Kennedy noch bis zum Kirkton of Slains schleppen, wo er kurz darauf starb. An dieser Stelle soll er heute begraben liegen.

St. Catherines Dub ist eine kleine Bucht am nördlichen Ende von Collieston, die mit einem kleinen Aussichtspunkt mit Picknickplätzen eine gute Möglichkeit für eine kleine Rast bietet. Keine Rast hatten die spanischen Seeleute, die im Jahre 1590 an dieser Stelle mit einem Sturm kämpften. Die Santa Katarina sank, bevor sie Waffen für die Gegenreformation in Schottland anlanden konnte. Zwei Kanonen der Fregatte sind im Haddo House bei Tarves und in Old Slains im Museum zu besichtigen.

Das *Forvie National Nature Reserve* liegt zwei Kilometer südlich des Ortes. Es ist eines der größten, noch relativ unberührten Dünensysteme in Großbritannien. Eine große Artenvielfalt an Küstenvögeln und die reiche Dünen-Flora wird dem Besucher in dem kleinen Wildlife Education Center nähergebracht. Man kann auf angelegten Wegen durch die Dünenlandschaft gehen, die bei weitem nicht nur aus Sandhügeln besteht. Verschiedene Moose, Heidekraut, Gräser und niedrig gewachsene Bäume, denen man den harten Überlebenskampf an ihrem krüppeligen Wuchs ansieht, bilden die Vegetation dieser sehr empfindlichen Landschaftsform.

Auf dem weiteren Weg nach Fraserburgh ist die Landschaft geprägt von flachen Feldern. Ich fuhr über die A952 in Richtung Fraserburgh. Mit Peterhead ließ ich einen der größten Fischereihäfen Schottlands rechts liegen, aber auch Industrieanlagen und das riesige St. Fergus Gas-Terminal.

Auch in *Fraserburgh*, wie in fast allen Küstenorten, ist die Fischerei dominierend. Die ausgedehnten Hafenanlagen reichen bis zum Caravanpark, der fast direkt neben den Fischhallen anschließt. Deshalb zog ich es vor, die Nacht auf dem Caravan Park von Rosehearty zu verbringen. Es ist ein kleiner, ruhiger Wiesenplatz, direkt am Meer. In dem kleinen, verschlafenen Ort konnte ich beim Durchfahren nicht einmal einen Pub ausfindig machen.

Die *Smugglers Coast* zwischen Rosehearty und Gardenstown ist eine Steilküste, die mit unzähligen Schluchten für die besagten Schmuggler ideale Berufsbedingungen schuf. Das hügelige Farmland reicht bis an die steilen Felsabbrüche hin, die teilweise hundert Meter tief ins Meer abfallen. Ich verließ Rosehearty auf der B9031 in südwestlicher Richtung, um nach zweieinhalb Kilometern am ersten Farmhaus nach rechts in die kleine Küstenstraße abzubiegen. Das Sträßchen führt durch Felder über Farmland an der Küste entlang. Lassen Sie sich nicht abschrecken von dem etwas besseren Feldweg, der wegen der stonewalls links und rechts der Straße ein Wenden mit dem Camper praktisch unmöglich macht. Mein Fahrzeug war nach dem Fahren auf dieser Straße schon ziemlich mit Farmdreck besudelt, aber es lohnte sich. Es tun sich immer wieder sehr schöne Ausblicke auf die Küstenlinie auf und unterwegs finden sich einige schöne Buchten am Meer. Nach vier Kilometern liegt rechts *Aberdour Bay* mit einem schönen Rast- und Picknickplatz. Spaziergänge an der Küste oder das Klettern in den Felsen sind von hier aus gut möglich.

Land des Whiskys und der Schmuggler

Etwa hundert Meter oberhalb der Mill Farm, an der man kurz nach Verlassen der Bucht vorbeikommt, biegt unsere Strecke nach rechts ab. Die steinigen und steilen Felder sind schwer zu bewirtschaften. Die Straße nimmt manchmal fast alpinen Charakter an. Über die, bezüglich ihrer Lage in der Steilküste, vielleicht spektakulärsten Dörfer Schottlands bin ich fast zufällig gestolpert. Das Schild *unsuitable for caravans* machte mich neugierig. Ich fuhr mit meinem Wohnmobil das enge Sträßchen hinunter. Die angekündigten 14% Steigung waren nicht übertrieben und in Verbindung mit den Haarnadelkurven kam ich mit dem großen Fahrzeug doch ins Schwitzen. Da während der Sommermonate mit Gegenverkehr zu rechnen ist, empfehle ich dringendst, das Fahrzeug an der ersten Kurve auf dem kleinen Parkplatz abzustellen und die letzten zweihundert Meter zu Fuß hinabzusteigen, da es praktisch keine Manövriermöglichkeiten gibt. Leider sind größere Parkmöglichkeiten nicht vorhanden.

Ich saß in der kleinen „Gartenwirtschaft" des Pubs unten am Kai und schaute auf das Dorf, das sich wie ein schmales Band an die Steilküste duckte. Dahinter erhoben sich die steilen Felsen. Ich versuchte mich zurückzuversetzen in die ersten Jahre des 19. Jahrhunderts. Nirgendwo gab es befestigte Straßen und nach stärkeren Regenfällen versanken Pferde und Wagen im Matsch. Wie war es zu diesen Zeiten wohl möglich, Mühlsteine hier hochzutransportieren, ohne mit dem Leben zu spielen? *Pennan* wurde 1699 erstmals in den Büchern erwähnt und ist, völlig erstaunlich für diese Lage, bekannt geworden nicht durch Fischerei, sondern durch die Herstellung von Mühlsteinen. Diese schweren Produkte wurden nach ganz Schottland ausgeliefert. Die Sandsteinklippen waren die Quelle für das Rohmaterial. Vier bis sechs Pferde waren notwendig, um das Gewicht zu ziehen. Durch das Auge des Mühlsteins, das Mittelloch, wurde eine Holz-Stange gesteckt. Das lange Ende von etwa fünf Metern wurde benutzt, um das Rad im Gleichgewicht zu halten, das andere, etwa ein Meter lange Ende, war zum Steuern vorgesehen. Ein grobes Holzgerüst diente als Rahmen für das Anspannen der Pferde und zwei Leute reichten sicher nicht aus, dieses Gespann in Bewegung zu halten. Transportiert werden konnte nur während Schönwetterperioden.

Ein Kilometer hinter Pennan liegt *Kully Khan Bay*. Von dem frühen piktischen Fort aus, das auf einem exponierten Felsen erbaut wurde, hat man einen schönen Blick auf Pennen und die Steilküste.

„Kriffie" spricht man es aus, als *Crovie* ist es in den Karten verzeichnet. Das Dorf besteht nur aus einer einzigen Reihe von Häusern, die derart zwischen Meer und Steilküste gequetscht sind, daß gerade noch Platz bleibt für einen winzigen Fußweg, über den die Versorgung der Bewohner mit Handkarren möglich ist. Fasziniert hat mich die außerordentlich spektakuläre Lage dieser kleinen Siedlung, wie ich sie so noch nicht gesehen hatte. Gegründet wurde das Dorf in den Jahren 1715 bis 1745 von Vertriebenen der Highland Clearances, die das ganze Hochland mehr oder weniger menschenleer machten. In den Wintermonaten sind Stürme in diesem Küstenbereich an der Tagesordnung. So präsentieren die

Land des Whiskys und der Schmuggler

ursprünglichen Häuser ihre Schmalseite dem Meer, um so den Sturmwellen die geringste Angriffsfläche zu bieten. Schließlich war es der große „gale", ein Hurricane, der am 31. Januar 1953 das Ende des Dorfes besiegelte. Die Mole wurde überschwemmt und größtenteils weggespült, viele Häuser zerstört und der Fußweg zwischen Crovie und Gardenstown weggerissen. Die „local families" gaben ihr Zuhause auf. Große Zerstörungen entlang der ganzen Britischen Küste kosteten vielen Menschen das Leben. Crovie wurde danach wieder aufgebaut – als holiday village, als Feriendorf.

Die Straße hinunter nach Crovie ist nur für Bewohner freigegeben, so daß man auf dem kleinen Parkplatz auf den Klippen parken muß. Bis zu diesem Aussichtspunkt zu kommen, ist kein Problem mit dem Camper, trotz des bereits bekannten Schildes „unsuitable for caravans". Diese Warnung bezieht sich auf Wohnwagengespanne, die in Großbritannien stärker verbreitet sind als Wohnmobile.

Zwischen Crovie und Gardenstown, dem nächsten Küstenort, führt ein kleiner *Fußweg* durch die Steilküste am Meer entlang. Er ist anfänglich geteert und geht später über in einen mit Stahlseilen gesicherten, in den Fels gehauenen Pfad. Wenn man sich mit festem Schuhwerk auf den Weg macht und schwindelfrei ist, muß man sich von dem Schild „this part is dangerous" nicht abhalten lassen, diesen kleinen Ausflug zu genießen. Für den einfachen Weg zum Hafen in Gardenstown benötigte ich etwa 20 Minuten.

Die Smugglers Coast, die Küste zwischen Rosehearty und Gardenstown, gehört für mich auch noch nach mehreren Besuchen zu den beeindruckendsten Strecken in Schottland. Umso verwunderlicher war es, daß mir hier sehr wenige ausländische Fahrzeuge begegneten. Von Crovie führte mich mein Weg weiter über Macduff, Gordonstown und Keith nach Dufftown.

Wie geschaffen für das Handwerk des Schmuggelns: Die Küste bei Pennan

Land des Whiskys und der Schmuggler

Von Whisky und Fässern

So wie bei uns der Schnaps unter anderem auch zum Einreiben verwendet werden kann, so wurde auch dem Whisky medizinische Wirkung nachgesagt. Ein Professor der University of Aberdeen schrieb im letzten Jahrhundert dazu: In Maßen genossen, verlangsamt der Whisky das Älterwerden, er fördert die Verdauung, die Zähne fallen nicht so schnell aus und er hilft gegen Magenrumpeln. Einige Whiskybrennereien haben es zu Weltberühmtheit gebracht und man kann fast sagen, es gibt kein Dorf in dieser Gegend, das nicht seine eigene Destille vorweisen kann. Diese nordwestliche Grampian Region weist die höchste Konzentration an Whisky Destilleries auf – weltweit.

Whisky ist übrigens kein Schreibfehler. Im Gegensatz zum irischen Whiskey oder dem aus Übersee lassen die Schotten das „e" aus dem Wort heraus und man wird überall auf diesen „kleinen Unterschied" hingewiesen.

Der kleine Fluß Fiddich liegt mitten im Zentrum der Region *Speyside*. Er ist nur einer von unzähligen Wasserläufen, die das klare Wasser liefern, aus dem seit Jahrhunderten Schottlands berühmter *Malt Whisky* gebrannt wird. Das Land ist leicht bergig, bewaldet und immer wieder von Feldern durchzogen.

Das Tal des Fiddich bei Dufftown war mein nächstes Ziel: *Glenfiddich*, eine der größten und auch bekanntesten Whisky-Destillerien. Die Kunst der Whiskyherstellung kann man hier in geführten Besichtigungen durch Einblick in die verschiedenen Prozesse verstehen lernen. Eine audiovisuelle Präsentation erzählt von der Geschichte und dem Werdegang der Firma.

Die Ursprünge des Scotch Whisky verlieren sich irgendwo im Nebel der Geschichte. Die wichtigsten Bestandteile dieses berühmten Getränks sind Ger-

Eingebettet in die Steilküste: Pennan

Viele Jahre muß der Whisky lagern

The Glenfiddich Destillery bei Dufftown

ste, Hefe und Wasser, was in diesem Teil Schottlands seit jeher in Mengen verfügbar war. Dazu kommt der Rauch des Torffeuers. Zunächst wird die gemahlene Gerste angefeuchtet, um das Ankeimen zu ermöglichen. Danach erfolgt die Trocknung über dem Torffeuer. Die daraus gewonnene gemälzte Gerste wird in riesigen Bottichen (20.000 Liter) mit heißem Wasser vermischt. Es entsteht „wort", ein süßlicher Sud, der anschließend mit Hefe versetzt zum Gären gebracht wird. In den wash-backs, in Holzfässern mit ähnlich riesigem Fassungsvermögen, entsteht eine bierähnliche Flüssigkeit, die als „wash" bezeichnet wird. Sie wird nach der Gärung destilliert, d.h. man erhitzt den wash bis zum Verdampfen. Der entstandene Dampf wird durch Kupferrohre gepumpt und durch Abkühlung zum Kondensieren gebracht. Dieses Kondensat ist der Original Pot-Still Malt Whisky, wobei das erste und das letzte Destillat nicht rein sind. Zur Abfüllung kommt sozusagen die Mittelproduktion.

Man unterscheidet in Schottland verschiedene Malts nach ihrer geographischen Herkunft: Eastern Malts, zu denen die Northern Malts gezählt werden, Western Malts, Islays, Campbeltowns und Lowland Malts. Je weiter der Whisky aus dem Westen kommt, um so torfiger ist sein Geschmack. Die auf der Insel Islay hergestellten Whiskys stehen diesbezüglich angeblich an der Spitze.

Man muß nun noch eine weitere Unterscheidung vornehmen zwischen Pure Malt oder Single Malt und dem Blended Whisky. Während die Single Malts das Ergebnis eines einzigen Destillierungsprozesses sind, ist der Blended Whisky eine Mischung aus bis zu dreißig verschiedenen Whiskysorten. Diese Mischung wird von den Kellermeistern geschmacklich abgestimmt. Blended Whiskys sind preislich sehr viel günstiger und zu etwa 85% marktbeherrschend.

Nach dem Destillierungsprozeß muß der Malz-Whisky viele Jahre in Eichenfässern lagern, wo sich der typische Geschmack entwickeln soll. Je länger die Lagerzeit ist, umso feiner ist der Geschmack und umso teurer das Endprodukt. Am besten geeignet sind ehemalige Sherry-Fässer, und so fand ich das alte Böttcher-Handwerk hier noch vor. Der englische Name für Böttcher „Cooper" stammt aus der Zeit der Römer. Die römischen Weinbauern lagerten ihre Weine in Holzfässern, die sie Cupals nannten. Das zur Herstellung von hochwertigen Fässern geeignete Holz liefert nur die Eiche. Hier treten keine Sickerverluste auf, das Faß ist dicht, kann aber dennoch atmen, was den Geschmack des Whiskys verbessert. Eichenfässer werden vom Böttcher in Handarbeit hergestellt, wobei sich Werkzeuge und Methoden in der langen Geschichte des Handwerks kaum verändert haben. Die ältesten bekannten Fässer stammen aus Ägypten und werden auf ein Alter von etwa 5.000 Jahren geschätzt.

Fässer wurden über die Jahrhunderte hinweg verwendet für die Lagerung von Waren und Lebensmitteln wie Mehl, Fisch, Salzfleisch oder Räucherlachs. Aber auch von Zweckentfremdungen wird berichtet. So soll die Leiche des 1805 in der Schlacht bei Trafalgar gefallenen Lord Nelson in einem Faß Brandy konserviert nach England zurückgebracht worden sein. Beim Anlegen des Schiffes befand sich die Leiche noch immer im Faß, der Brandy aber soll zum größten Teil verschwunden gewesen sein...

Wie die Böttcher arbeiten, kann man sich ansehen in der *Speyside Cooperage* bei Craigellachie. Die Böttcherei liegt kurz vor dem Ort auf der linken Seite, direkt an der A941 auf dem Weg nach Elgin.

Über die A941 gelangte ich in Elgin wieder auf die A96 nach Westen. Die gut ausgebaute Straße führte mich nach *Forres*. Wer die Zeit für den Abstecher nach Glenfiddich nicht hat, der kann am südlichen Stadtende, an der A940 nach Grantown-on-Spey, die stillgelegte Destillerie von *Dallas Dhu* besichtigen. Sie beherbergt heute ein anschauliches Museum über Geschichte und Produktion des schottischen Lebenswassers.

Forres ist heute eine von vielen Städten, in die man hineinfährt und ohne anzuhalten auf der anderen Seite wieder hinaus. Man sieht ihr nicht an, daß man hier geschichtlich und literarisch bedeutsamen Boden betritt: *Suenos Stone*, ein sieben Meter hoher Sandstein-Monolith mitten in Forres zeigt grausame Schlachtszenen: Krieger mit abgeschlagenen Köpfen sind mit grobem Meißel in den Stein gehauen. Er stammt aus piktischer Zeit, aus dem 9. bis 11. Jahrhundert. Im Jahre 1014

Land des Whiskys und der Schmuggler

Whiskyfässer werden vom Böttcher auch heute noch in Handarbeit hergestellt

Land des Whiskys und der Schmuggler

Dorfstilleben in Crovie

wurden in der Nähe bei Burghead die Wikinger endgültig geschlagen und vertrieben. Mit der Siegesnachricht über Sweno, den König von Norwegen, läutete Shakespeare sein Drama von *Macbeth* ein. Jedenfalls ist westlich der Stadt *Macbeth's Hill* eingezeichnet.

Hier sollen ihm im ersten Akt die „Weird Sisters", die Hexen, erschienen sein auf seinem Weg nach Forres. Im Schloß von Cawdor, zwanzig Kilometer südwestlich von Forres schließlich, soll der damalige König Duncan von Macbeth erschlagen worden sein, um

Land des Whiskys und der Schmuggler

selbst auf den Thron zu gelangen. Es war nur ein Königsmord von vielen, die hier im hohen Mittelalter eine konsequente Tradition hatten. Ganze Geschlechter wurden, eine Generation nach der anderen, erschlagen wegen fremder Ansprüche auf den Thron. Wie dem auch sei, die geschichtlichen Daten sind andere als die, wie sie die Dichtung gerne sehen möchte. Duncan wurde auf dem Schlachtfeld getötet und nicht meuchlings im Bett.

Von der Findhorn Community hatte ich vorher schon gehört und nutzte die Gelegenheit, ein paar Kilometer nördlich von Forres dieser Schrebergartengemeinschaft einen kurzen Besuch abzustatten. Seit 1962 leben die Findhorn People hier nach biologischen Gesichtspunkten in Einklang mit der Natur. In ihrer „Gottesgemeinschaft" steht die Gemeinschaftsidee ganz oben und offenbar haben sie ihre Vorstellungen vom Leben hier auf dem Campingplatz der Findhorn Bay verwirklicht. Ihre Stadt ist der Caravan Park. Der der Allgemeinheit zugängliche Teil des Parks ist ein schön in den Dünen gelegener Camping Platz mit Einstellplätzen auf gepflegtem Rasen. Die weitläufigen Dünenlandschaften und Strände sind als Seglerparadies bekannt geworden.

AUSKUNFT
Banff
Banff and Buchan Tourist Board, Collie Lodge, Banff AB45 1AU, Tel. 01263/81 24 19
Wettertelefon: 0891/20 08 42 – Wandern und Bergsteigen: 01891/33 31 97

ÜBERNACHTUNG
Entlang der Küste zwischen Fraserburgh und Elgin gibt es einige, direkt am Meer gelegene, gepflegte Caravan Parks. Dieser Teil Schottlands ist selbst im Sommer nicht überlaufen, so daß es hier kein Problem sein sollte, einen Einstellplatz zu bekommen.
Rosehearty
Rosehearty Caravan Park, 5 Union Street, Rosehearty, Tel. 01346/57 16 58.
Kleines, am Meer gelegenes Wiesengelände am Ortsrand. Gepflegte sanitäre Einrichtungen.
Crovie
Der Parkplatz oben auf der Klippe, bevor das Sträßchen in den Ort hinunter führt, ist eine Möglichkeit, den Camper über Nacht hinzustellen. Die Parkbuchten sind allerdings schräg, so daß ein Aufbocken des Wagens nötig ist.
Findhorn Bay
Findhorn Sands Caravan Park, Forres, Morrayshire IV36 0YZ, Tel. 01309/69 03 24.
Großzügiges, schattenloses Wiesengelände direkt hinter den Dünen am Meer gelegen. Basic installations.

PARKEN
Wenn nichts anderes angegeben ist, bieten die beschriebenen Sehenswürdigkeiten Parkplätze für Besucher.

HIGHLIGHTS
* Forvie National Nature Reserve, Naturschutzgebiet, Zutritt frei, Wildlife Education Center (Öffnungszeiten Standard).
* Pennan, im Ort selbst für Camper sehr schlechte Möglichkeiten zum Parken. Leider habe ich hier keine Empfehlungen.
* Crovie, spektakulär gelegener, historischer Fischerort.
* Glenfiddich Destillery, Dufftown, Eintritt frei (Öffnungszeiten: ganzjährig Mo.-Fr. 9.30–16.30 Uhr, Ostern-Okt. Sa. 9.30–16.30 Uhr, So. 12.00–16.30 Uhr).

WEITERE AUSFLÜGE
* Gardenstown, Fußweg von Crovie entlang der Steilküste
* Speyside Cooperage, Dufftown Road, Craigellachie
* Findhorn Bay, Sand- und Dünenstrände
* Dallas Dhu, Forres. Museum über die Whiskyherstellung in einer stillgelegten Destillerie.

Auf dem Weg nach Inverness machte ich einen Abstecher zu einem der wohl am meisten gepflegten historischen Schauplätze Schottlands, nach *Culloden Field*. Diesen Ort zu besuchen, ist Pflicht für jeden Schüler des Landes. In der unwirtlichen Moorlandschaft verloren die Schotten ihre letzte große Hoffnung auf Eigenständigkeit.

Loch Ness und immer noch kein Monster

Als Sohn des schottischen Königs im Exil kam im Jahre 1745 Prinz Charles Edward, nachdem er in Rom aufgewachsen und erzogen worden war, unerwartet in Schottland an und beanspruchte den Thron von Schottland und England. Dank seiner persönlichen Ausstrahlung muß es dem erst 25jährigen Bonnie Prince Charlie gelungen sein, viele der Clanführer für sich zu gewinnen. Durch geschicktes Taktieren und Glück war er bereits nach zwei Monaten Herr über Schottland. Hätte er seinen Plan, die Invasion Englands, auch unverzüglich in die Tat umgesetzt, statt in Edinburgh seinen Triumph auszukosten, wäre er vielleicht erfolgreicher gewesen. Die wenigen Wochen der Verzögerung ermöglichten es der englischen Regierung, ihre Truppen vom Festland abzuziehen und eine reguläre Armee von 30.000 Berufssoldaten aufzustellen. Von den etwa 30.000 waffenfähigen Highlandern erschienen auf dem Schlachtfeld nur 5.000 Mann. In der Schlacht von Culloden statuierten die Engländer ein Exempel. Die ausgemergelten und hungrigen Hochländer wurden in kürzester Zeit nicht nur geschlagen, sondern regelrecht ausgerottet. Gefangene durften laut Befehl nicht gemacht werden.

Der Ausgang dieses ungleichen Kampfes ist also auch zu einem sehr großen Teil auf die Uneinigkeit der schottischen Clans zurückzuführen. Ein englischer Historiker beschreibt die Situation so, daß viele Väter dem Kampf nicht beiwohnten, dafür aber ihre Söhne schickten – einen zur Unterstützung des Prinzen und einen zur Unterstützung der Engländer. So war ihre Zukunft gesichert, unabhängig vom Ausgang der Schlacht. Es kämpften in Culloden vier Bataillone aus den

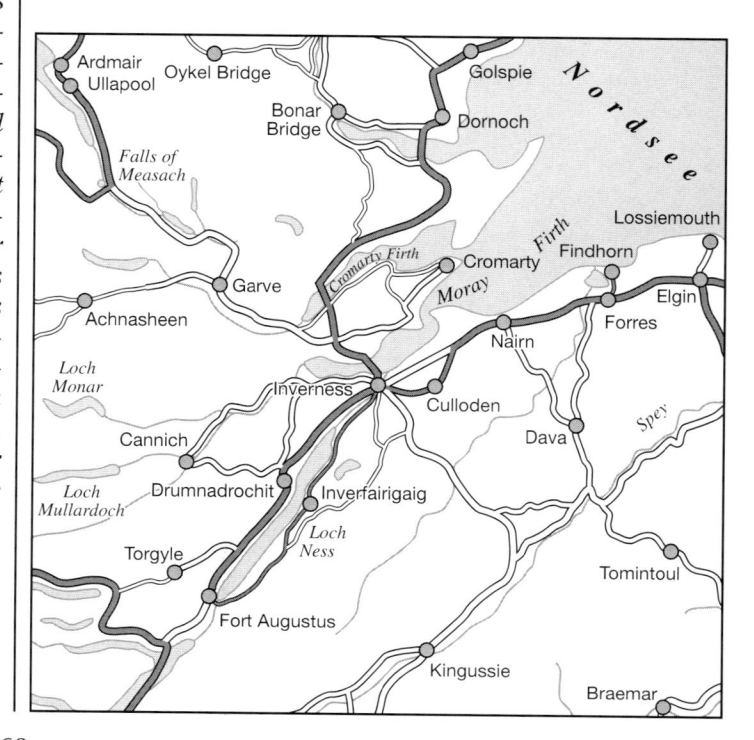

schottischen Lowlands und ein Bataillon von Highlandern auf englischer Seite sowie vier Campbell-Kompanien aus Argyll. Bonnie Prince Charlie entkam nach mehrmonatiger Flucht nach Rom und starb dort in hohem Alter als heruntergekommener Alkoholiker.

Das Gebiet um Loch Ness ist von dichten, urwüchsigen Wäldern umgeben, jenen Wäldern, die zur Zeit der Ankunft der ersten Siedler praktisch ganz Schottland bedeckten. Die kahlen Bergrücken, die öden Steinlandschaften, wie wir sie heute für Schottland als sehr typisch ansehen, entstanden erst durch die Nutzbarmachung des Landes durch den Menschen. Loch Ness liegt 17 Meter über Meeresniveau, der See ist 38,4 Kilometer lang und an seiner breitesten Stelle mehr als zwei Kilometer breit. Die Tiefe schätzt man auf etwa 220 Meter. Loch Ness formt einen Teil der Great Glen, einer geologischen Spalte, die Schottland über eine Länge von fast hundert Meilen diagonal teilt. Wegen seiner großen Wassermenge, etwa 7.364 Mio. Kubikmeter Frischwasser, friert der See im Winter nie zu. Aber es waren nicht seine beeindruckenden Maße, die den See berühmt gemacht haben, sondern ein nicht totzukriegender Mythos aus der Saurierzeit. Ein Monster namens Nessie zu finden, war der Traum nicht nur eines einzelnen. Aus Abenteuerlust und Forscherdrang ließen sich viele Besessene dazu hinreißen, Haus und Hof sowie alle Habseligkeiten zu verkaufen, um sich der neuen Lebensaufgabe zu widmen. Warum dieses Märchen ums Überleben gar nicht zu kämpfen braucht, das erzählte mir ein hier lebender Farmer in einem vertraulichen Gespräch: „Wissen Sie", sagte er mir, „Nessie ist ein sehr verläßliches Monster, und ein kapitalistisches dazu: Es kommt garantiert jedes Jahr einmal an die Oberfläche. Zwar nicht an die Oberfläche des Sees, dafür aber an die Oberfläche der Medienlandschaft, und das garantiert sechs Wochen vor jeder Haupt-Reisesaison".

Inverness ist die touristische Hauptstadt der Loch-Ness-Region und als Ausgangspunkt für die Erkundung des Sees ideal gelegen. Die Stadt wird wegen ihrer zentralen Lage das Tor zum

Das Original Loch Ness Monster

Welcome to Loch Ness

Loch Ness und immer noch kein Monster

Norden genannt. Und wegen dieser Lage wurde es in der Vergangenheit oft geplündert, so daß heute wenig Historisches besichtigt werden kann. Ich besuchte das geschäftige Zentrum, um meine Vorräte wieder aufzustocken und in einem der gemütlichen Pubs ein Bier zu trinken.

Nachdem ich mich im Visitor Center mit Kartenmaterial und Informationen ausgestattet hatte, verließ ich am nächsten Morgen die Stadt, um den weltberühmten Loch Ness zu umrunden. Für diesen Ausflug nahm ich mir einen halben Tag Zeit. Die Straße führte unterhalb des Schlosses am River Ness entlang, der die Stadt teilt. Angeschrieben war der kleine Ort *Dores*. In Dores bog ich rechts ein in die B852 nach Inverfairigaig. Die Dämmerung war gerade angebrochen und der frühmorgentliche Nebel legte den See in ein mystisches fahles Licht. Die Straße wurde hier einspurig mit vielen Ausweichstellen und nicht wenigen Picknickplätzen mit Parkmöglichkeiten und Zugang zum See. Gegen neun Uhr löste strahlender Sonnenschein das milchige Licht ab und so boten sich mir auf der ganzen Strecke bis hinunter nach Fort Augustus landschaftlich sehr reizvolle Ausblicke.

Das *Inverfairigaig Forest Information Center* ist ein kleines Holzhaus mit einer Ausstellung über Flora und Fauna des Waldes dieser Gegend. Picknickbänke und -tische bieten die Möglichkeit einer Rast in schöner Natur. Die Forststation ist der Ausgangspunkt für verschiedene Waldwege, die kleinere Spaziergänge zwischen zehn und vierzig Minuten ermöglichen. Handzettel mit den Wegbeschreibungen liegen an der Hütte aus.

Vier Kilometer nach Inverfairigaig kam ich durch die winzige Ansiedlung *Foyers*, die im Grunde genommen aus einem Café, einem Farmhaus und dem

Shopping in Inverness

Alter Friedhof am Ufer des Loch Ness

Idealer Ausblick für Monsterwatching: Urquhart Castle

Wasserfall besteht. Die *Falls of Foyers* waren es wert, für einen etwa 20minütigen Ausflug das Fahrzeug zu verlassen. Nach Foyers begannen Birkenwäldchen die Straße zu begleiten und moosbewachsener, flechtenüberwucherter Wald zeigte die Ursprünglichkeit dieses Gebietes. Im weiteren Verlauf führte die Straße weg vom Loch Ness. Bevor ich die Straße zum Loch Tarff hinunterfuhr, bot sich mir auf einer Bergkuppe ein weiter Blick in die bergige Landschaft. Ein kleiner Parkplatz zeigte den Aussichtspunkt an. Das Weideland, die kleinen Wäldchen und die im April noch schneebedeckten Bergkuppen erinnerten mich an die Landschaftsformen in Nevada oder North Utah. Wieder unten angelangt führt das Sträßchen erneut durch typische schottische Landschaft: Loch Tarff, ein kleiner See mitten in karger Heide zwischen Torf und Fels gelegen. In *Fort Augustus* überquerte ich den *Caledonian Canal*. Unter Ausnutzung des Kaledonischen Grabens, des Great Glen, wurde zwischen 1803 und 1849 eine Wasserverbindung zwischen Fort William und Inverness gebaut, die die gefährliche Umschiffung des äußersten Nordostens Schottlands unnötig machte. Über acht Staustufen, die als *Neptun's Staircase* bezeichnet wurden, befahren heute hauptsächlich Freizeitskipper den Kanal, der durch die modernen Verkehrsmittel seine praktische Bedeutung weitgehend verloren hat.

Die A92 führte mich wieder zurück in Richtung Inverness. Als schnelle Verkehrsverbindung bot diese Straße nahezu keine Aussichtspunkte oder Parkmöglichkeiten, um Ausblicke auf das Loch Ness zu genießen. Erst bei Urquhart Castle tat sich der Blick über den See auf. *Urquhart Castle* ist heute eine aus nur noch wenigen Grundmauern bestehende Ruine. Die Festung, die früher zu den größten Befestigungsanlagen Schottlands zählte, wurde im Jahre 1692 zerstört, damit es nicht in die Hände der aufständischen Jakobiten fallen konnte.

Als interessierter Monster-Forscher wollte ich mir Informationen über die wohl berühmteste Legende Schottlands nicht entgehen lassen. Ich besuchte die *Official Loch Ness Monster Exhibition* in Drumnadrochit an der Urquhart Bay. Ein viel zu kleiner Mon-

Loch Ness und immer noch kein Monster

ster-Parkplatz konnte die unzähligen Besucher nicht fassen. Nach einem Monster-Fußmarsch von meiner weit entfernten Parkmöglichkeit konnte ich mich mit Monster-Eiscreme erfrischen. Anschließend schleuste man mich als Teil einer Monster-Besucher-Welle durch die gut gemachten audiovisuellen Präsentationen. Mittelalterliche Texte, uneindeutige Fotos, verschwommene Filmaufnahmen von nicht identifizierbaren Gegenständen und die Aussage, daß die Existenz des *Nessiteras Rhomboteryx* wissenschaftlich nicht gesichert sei, ließ bei mir den Eindruck aufkommen, einer monströsen Marketing-Maschinerie zum Opfer gefallen zu sein. Wer's immer noch nicht glaubt, der kann sich ein paar Kilometer weiter am Flansman Hotel in ein knallgelbes U-Boot setzen und für umgerechnet etwa 200 Mark eine Stunde lang für eine bekannte Schweizer Uhrenfirma in den moortrüben Tiefen des Loch Ness Reklame fahren. Sieben Kilometer südlich von Inverness übernachtete ich auf dem Scaniport Caravan Park bei Dochgarroch. Von hier aus kann man problemlos abends noch in die Stadt fahren.

AUSKUNFT
Inverness
Loch Ness and Nairn Tourist Board, Castle Wynd, Inverness, IV2 3BJ, Tel. 01463/234353
Wettertelefon: 01891/200843

ÜBERNACHTUNG
Inverness
Torvean Caravan Park, Glenurquhart Road, Inverness, IV3 6JL, Tel. 01463/220582. Sehr kleiner Platz, der wegen seiner zentralen Lage in der Hauptsaison in der Regel ausgebucht ist.
Scaniport Caravan & Camping Park, Inverness-shire, IV1 2DL, Tel. 01463/75351. 7 km südlich von Inverness, am Caledonian Canal gelegenes, schattenloses Wiesengelände. Winzige sanitäre Einrichtungen, die gerade das Notwendigste abdecken.
Delcrag Picknick Area
3 km südlich von Foyers zwischen B 852 und River Foyers (1,5 km vor Einmündung auf B862 nach Fort Augustus) gelegen, ist der Picknick-Parkplatz ein idealer Ort, mit dem Camper zu übernachten (wenn einen das Schild „no overnight parking" nicht stört).
Auf dem gebührenpflichtigen Parkgelände
am östlichen Rand des Zentrums von Inverness, gegenüber des C&A-Kaufhauses, ist ein Übernachten mit dem Wohnmobil möglich (mit Tolerierung durch die Platzwarte).

PARKEN
Im Zentrum von Inverness ist Parken weiträumig stark eingeschränkt durch teure Parkuhren. In den Wohngebieten um die City ist zum großen Teil Parken nur mit Anwohnerausweisen erlaubt. Die beste Möglichkeit ist ein großes, gebührenpflichtiges Parkgelände am östlichen Rand des Zentrums, gegenüber des C&A-Kaufhauses. Zu Fuß in die Stadtmitte sind es von hier 5 Minuten. Am Ost-Ufer des Loch Ness gibt es viele Park- und Picknickplätze mit Zugang zum Wasser. Das West-Ufer hat nur wenige Aussichtspunkte mit Parkmöglichkeiten.

HIGHLIGHTS
* Inverness, Stadtbummel
* Culloden Moor Battlefield (Öffnungszeiten: Apr.-Okt. 9.00-17.00 Uhr).
  Parkplatz am Visitor Center.
* Official Loch Ness Monster Exhibition (Öffnungszeiten: Apr.-Sept. täglich 9.30-21.30 Uhr).
  Verschiedene Parkplätze vorhanden, trotzdem gibt es öfter Parkplatznot.
* Inverfarigaig Forest Centre, Spaziergang in urwüchsigem Wald
* Falls of Foyers, Schlucht und Wasserfall

WEITERE AUSFLÜGE
* Fort Augustus, Abbey and Fort (Öffnungszeiten: Mai-Sept. Mo.-Sa. 10.00-17.00 Uhr, So. 13.30-17.00 Uhr)

Die Einsamkeit des Nordens

Auf der A9 überquerte ich den Firth of Inverness nach Norden. Die Küstenstraße führt im weiteren Verlauf bis hinauf nach Wick und John O'Groats, dem äußersten nordöstlichen Punkt Schottlands. Der Cromarty Firth, zwanzig Kilometer nördlich von Inverness ist ein riesiger Naturhafen, der als „Parkplatz" für Nordsee-Ölplattformen benutzt wird. In Invergorden sind die Reparaturwerften damit beschäftigt, diese schwimmenden Riesen zu warten und zu reparieren. Beim Entlangfahren an der Bucht kann man die Plattformen hintereinander verankert sehen.

Wir kommen nun in jene Gebiete Schottlands, die bis zum Jahre 1746 nie von fremden Mächten besetzt werden konnten – die berühmten und berüchtigten Highlands. Jenes Bergland, das von unbesiegbaren, wilden Horden von Highlandern bewohnt wurde, die nicht einmal die Römer mit ihren Legionen niederzuknüppeln vermochten. Sie trugen lange Haare und sie trugen Röcke. Sie spielten Instrumente, deren Klang durch Mark und Bein ging. Die Chiefs – die Häuptlinge – waren die uneingeschränkten Herrscher über das vom Clan bewohnte Territorium. Die Clanmitglieder standen im Dienste ihres Herren und erhielten dafür dessen Schutz. „Clan" bedeutet „Kinder", und das Clanwesen beruhte auch auf der Blutsverwandtschaft seiner Angehörigen. Sämtliche Mitglieder eines Clans führten den selben Namen, der auf einen historischen oder sagenumwobenen Ahnherrn zurückging und sie auf diese Weise zusammenhielt. Loyalität und Gehorsam waren die Grundpfeiler dieses Systems.

Sie lebten als abgeschiedene Gemeinschaft am nordwestlichen Ende Europas, und verteidigten beharrlich ihre Traditionen. Die Ursprünge der Highland-Tracht reichen weit zurück und anscheinend waren es praktische Überlegungen, die die Entwicklung des Schottenrockes vorantrieben. Als die Unterkünfte noch primitiv und kalt waren und die feuchte Körperbekleidung zu Erkältungen und Krankheiten führte, liefen sowohl Männer als auch Frauen mit nackten Beinen über den sumpfingen, feuchten Moorboden. Die

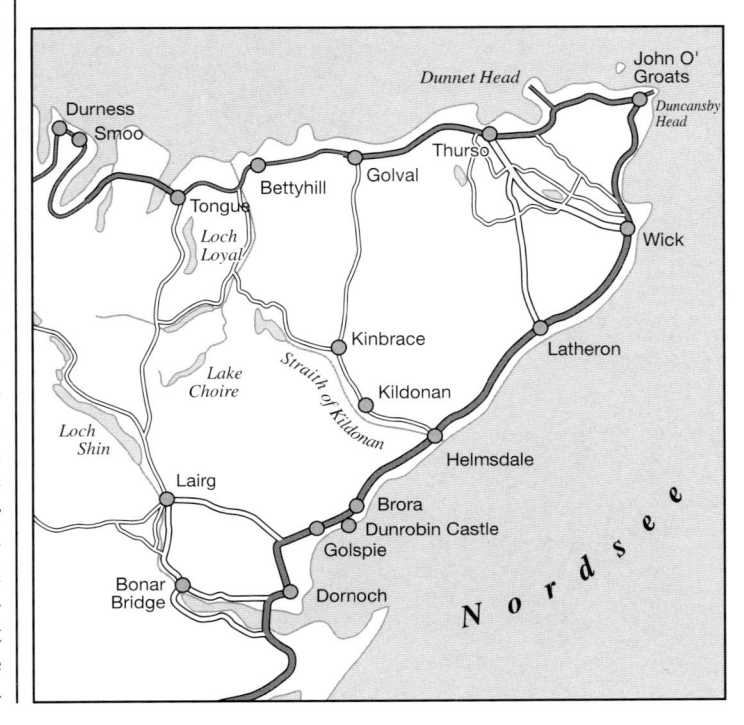

Das Nordostkap Schottlands: Duncansby Head

Plaids, jene Decken mit den berühmten Karomustern, wurden so dicht gewebt, daß sie praktisch wasserundurchlässig waren. So wurden sie getragen als Allzweckumhänge, die bei Regen auch über den Kopf gezogen wurden. Schottische Chroniken des 16. Jahrhunderts berichten von den Einwohnern der Highlands, „daß sie unter einer als Umhang benutzten rauhen Decke ein Hemd trugen, das aus Anstandsgefühl bis zu den Knien reichte". Damit ist das Gerücht, die Schotten trügen unter dem Rock nichts, bereits seit dem 16. Jahrhundert widerlegt. Nach der Schlacht bei Culloden 1746 wurde der Tartan als Symbol des schottischen Widerstandes von den Engländern unter Androhung der Verbannung verboten. Als der Kilt im Jahre 1782 mit königlichem Erlaß wieder zugelassen wurde, entstand ein Kilt-Boom. Die Zuordnung der verschiedenen Muster zu den Clans und Familien wurde mit äußerster Akribie betrieben und wer noch kein offiziell der Familie zugeordnetes Karomuster aufzuweisen hatte, der entwarf sich dieses Standessymbol kurzerhand neu. Es heißt, der Tartan sei die einzige Fahne der Welt, die angezogen werden könne. Während in Schottland auch heute noch von einem MacLeod nur der MacLeod-Tartan getragen wird, nahm es der Rest der Welt aus modischen Gründen mit den Traditionen nicht so genau.

In *Dornoch* führt vom Marktplatz aus, vorbei am Dornoch Inn, die kleine Dorfstraße zum *Whitch's Stone*. Der Name Janet Horne ist nur deshalb heute noch ein Begriff, weil sie als letzte von mehr als 4.500 Frauen, die nach der Reformation in Schottland als Hexe gefoltert und „verurteilt" wurden, hier auf dem Scheiterhaufen starb. Beim näheren Betrachten der Tatbestände aus dem Jahre 1722 allerdings ist der Eindruck nicht von der Hand zu weisen, daß diese Frau mehr aus politischen Gründen auf Anweisung des örtlichen Sheriffs als Hexe verbrannt wurde denn auf Betreiben der Inquisition. Ein Verfahren zur Feststellung der Ketzerei fand gar nicht erst statt. Dornoch, so heißt es, sei nur deshalb so wenig bekannt, weil es so weit im Norden des Landes liegt. Der Marktplatz vor der Kirche bietet ein gepflegtes mittelalterliches Ambiente und manche halten den an Sandstränden gelegenen Ort sogar für das schönste Städtchen Schottlands. Die Nacht verbrachte ich auf dem Pitgrudy Caravan Park, einem sehr gepflegten und schön angelegten Platz etwas nördlich des Ortes.

Bei *Golspie* überragt ein monumentales Denkmal das weite Land. Wie ein Stiftzahn, ein Fremdkörper, scheint es in die kahle Berglandschaft gerammt zu sein. Es sieht aus, als ob der erste Duke of Sutherland sich von dem menschenleeren Land hinter sich abwen-

Die Einsamkeit des Nordens

det, um in Richtung Meer zu blicken. Sutherland ist das am dünnsten besiedelte Gebiet in Großbritannien. Es leben heute noch etwa 13.000 Menschen hier. Das war nicht immer so. Der besagte Duke war es, der die *Highland Clearances* durchführen ließ, die gewaltsame Vertreibung der ansässigen Kleinbauern, die als Landpächter ihr eher kärgliches Dasein führten. In der Zeit der frühen Industrialisierung beschloß der Graf, die unrentablen Kleinbauern durch eine gewinnversprechende und großangelegte Schafzucht zu ersetzen. Das darauf folgende Niederbrennen der Bauernhäuser, das Vertreiben der Bewohner und die skrupellose Gewaltanwendung durch die Truppen des Dukes führten zu leergefegten Landstrichen überall in Sutherland. Die vertriebenen Pächter flüchteten an die Küste, wo sie in elenden Auffanglagern zu großen Teilen verhungerten, an Seuchen starben oder in letzter Hoffnung die Coffin Boats bestiegen, jene oftmals seeuntauglichen Auswanderungsschiffe nach Amerika. Gegen Ende des 19. Jahrhunderts galt der dritte Herzog von Sutherland als der Besitzer der größten Ländereien in Europa. Und eben jener Duke, der zur Erwirtschaftung dieses Reichtums mit am meisten beigetragen hat, schaut heute als Statue vom Berg herunter auf die Bucht von Golspie.

Dunrobin Castle, ein im französischen Stil erbautes Märchenschloß, war seit Alters her der Stammsitz der Herzöge

Der nördlichste Punkt Schottlands: Dunnet Head

Die Einsamkeit des Nordens

von Sutherland. Es liegt zweieinhalb Kilometer nördlich von Golspie und ist heute der Öffentlichkeit zugänglich. Angeblich soll Königin Victoria anläßlich eines Besuchs auf dem Schloß geäußert haben: „Von meinem Haus bin ich in einen Palast gekommen."

Die A9 zog sich wie ein langes Band weiter nach Norden der Küste entlang. Die Straße war links und rechts eingezäunt und das Farmland bis auf den letzten Quadratmeter parzelliert. Die Stonewalls umsäumten jedes Feld bis an die Straße heran, zum Schutz gegen Wind. So gab es auch praktisch nicht die geringste Möglichkeit, den Camper für einen kurzen Halt am Straßenrand zu parken. Eine halbe Stunde Fahrtzeit hinter Dunrobin Castle kam ich in den kleinen Ort Helmsdale.

In die Schlagzeilen geriet *Helmsdale* in den sechziger Jahren des letzten Jahrhunderts. Am 29. Mai 1869 schrieb die „Illustrated London News": *Der Einfall goldwütiger Abenteurer in die einsame Wildnis von Sutherland ist zu beklagen. Schaufelbepackt und ausgerüstet mit Spitzhacken, Waschpfannen, Sägen und Äxten ziehen ganze Karawanen den Strath Kildonan hinauf. Das ganze Land wird förmlich umgepflügt, was bei den lokalen Schafsfarmern bei Helmsdale eine Panik heraufbeschwor.* Büsche wurden gerodet, Bäume abgesägt, Bachläufe umgeleitet und fast das ganze Bett des River Helmsdale umgesetzt. Glücksritter, die in Alaska oder Australien nicht fündig wurden, kamen zum Strath of Kildonan, ihr Glück zu versuchen. Das Land wurde derart in Mitleidenschaft gezogen, daß man das Ende des Goldrausches per Dekret verordnete. Polizei und Militär sorgten schließlich für die Räumung des Tales.

Der einzige Goldrausch in Schottland ging zu Ende, ohne daß man eine einzige Unze Gold gefunden hätte. Ich fuhr etwa zehn Kilometer hinein in das ehemalige Goldgräbertal, doch auch ich fand nichts. Die Abenteurer wurden abgelöst von unzähligen Anglern und nicht einmal mehr kleine Spuren dieser Ereignisse sind bis heute übriggeblieben. Die Farmer haben sich ihr Land wieder zurückgeholt.

Über den Goldrausch kann man sich detailliert informieren im *Timespan Heritage Center* in Helmsdale. Aus dem ursprünglichen Heimatmuseum wurde ein Dokument für Zeitgeschichte, das mit Hilfe von audiovisuellen Darstellungen Einblicke gewährt in die Zeit der Wikinger, in die Lebensbedingungen der einfachen Menschen dieser Gegend bis hin zu den Ereignissen während der Clearances.

Je weiter ich nach Norden kam, desto rarer wurden die Tankstellen. Im Gegenzug dafür wurde der wertvolle Treibstoff immer teurer. Die Straße ermöglichte immer wieder einen wunderschönen Ausblick auf die windzer-

Märchenschloß in den Highlands: Dunrobin Castle

Die Einsamkeit des Nordens

zauste Küste und eine Felszunge nach der anderen ragte bis zum Horizont ins Meer hinein. Die Farmhäuser lagen sehr weit verstreut und vereinzelt entdeckte ich noch riedgedeckte Dächer. Wegen der dünnen Besiedelung sind in der Straßenkarte oftmals Orte eingezeichnet, die sich beim Durchfahren als eine bloße Ansammlung weniger Häuser entpuppten. Die letzte wirkliche Stadt vor dem Nordwest-Kap war *Wick*. Ich nutzte die Möglichkeit, im Supermarkt meine Vorräte aufzufüllen, bevor ich in die letzte Einsamkeit hineinfuhr. Der Besuch in der Tourist Information war gewissermaßen enttäuschend, zumal mir die nette Dame zwar alle Auskünfte exakt erteilte, aber eine Aussicht auf besseres Wetter konnte auch sie mir nicht geben. Seit drei Tagen fuhr ich durch strömenden Regen. Aber daß auch ein solches Wetter nicht unbedingt frustrierend sein muß, das zeigte mir ein Engländer im Hafen von *John O'Groats*. Er klopfte an meine Fensterscheibe und schrie mir gegen den Wind entgegen: „Kommen Sie mit, das ‚Nordkap Schottlands' können Sie sich nicht entgehen lassen wegen des Regens, das Wetter wird sowieso nicht besser".

Benannt wurde die Stadt nach dem Holländer Jan de Grot, der sich im 15. Jahrhundert nach einem Schiffbruch im Pentland Firth hier niederließ. Der nordöstlichste Punkt des Landes ist gekennzeichnet durch ein Schild direkt vor dem Hotel John O'Groats. Die meisten Reiseführer beschreiben den Ort als enttäuschend. Wahrscheinlich, weil es keinen eigentlichen Ortskern gibt, weil die Häuser über Kilometer verstreut liegen und weil außer dem Hafen und der Mole nur die Souvenirshops dominieren. Aber nach John O'Groats bin ich nicht gekommen, um die Ferien hier zu verbringen, sondern um das Horn Schottlands zu sehen. Und ich habe es gesehen, so wie die Seefahrer früherer Jahrhunderte, die sich mit ihren Segelschiffen im Sturm um den Pentland Firth herummanövrierten. Als eine sehr gefährliche Wasserstraße wurde sie damals beschrieben. Regen und Schnee kamen vermischt nahezu waagerecht an und der kalte Wind blies mir so um die Ohren, daß nach ein paar Minuten meine Finger zu kalt waren, um den Auslöser der Kamera noch niederzudrücken. Das unbeirrt am Kiosk hängende Fähnchen mit der Aufschrift „chilled drinks, ice cream" konnte mich auch nicht auf wärmere Gedanken bringen. Ein Trost für Sie, liebe Leser, die Sie ja wahrscheinlich im Sommer reisen werden: Ich war hier mitten im April. Bei schö-

So sah es früher aus…: Museum im Timespan Center Helmsdale

Die Einsamkeit des Nordens

nem Wetter kann man von hier aus die Inseln von Orkney sehen. Dem war heute nicht so, also wärmte ich mich schließlich unter der heißen Dusche auf, auf dem Campingplatz direkt am Hafen. Es ist ein ebenes Wiesengelände mit betonierten Stellplätzen für Wohnmobile. Da keine Bäume oder Sträucher Schutz bieten wurde mein Fahrzeug nachts ganz schön hin- und hergerüttelt.

Bis zum Leuchtturm von Duncansby sind es etwa vier Kilometer. Von dort aus erreicht man nach einem etwa 20minütigen Spaziergang auf den Klippen die *Duncansby Stacks*, drei Felsspitzen, die als Zeugen der einstmaligen Küstenlinie aus dem rauhen Meer ragen.

John O'Groats verließ ich in Richtung Thurso auf der neu geteerten A836. Baumloses, karges Farmland prägt das Bild hier oben in Schottlands äußerstem Norden. Und natürlich grasen auch hier, wohin man sah, die Schafe. Daß die Menschen mit der rauhen Natur, und damit auch um das wirtschaftliche Überleben zu kämpfen haben, das wird am Zustand mancher Farmen deutlich. Oftmals sind die Gehöfte nicht befestigt, so daß sich die Anwesen nach Regen in einzige Schlammflächen verwandeln. Und daß alte Fahrzeuge auch ohne Scheinwerfer oder Kotflügel immer noch ihre Dienste auf den Feldern versehen können, das beweist der Zustand so manches Landrovers, der – nach unseren

Sango Bay kurz nach einem Regenschauer

Maßstäben – schrottreif in der Scheune steht.

Fünfzehn Kilometer nach John O'Groats bog ich in eine kleine Landstraße nach rechts ein. Sie führte zum nördlichsten Punkt Schottlands, zu den Steilklippen des *Dunnet Head*. Ein Leuchtturm krönt auch hier den exponierten Punkt. Von hier aus tut sich ein schöner Blick auf die Inseln von Orkney auf. Unterhalb des Leuchtturmes führt ein kleiner Weg auf den Klippen entlang und man schaut in Richtung Westen auf die Küstenlinie mit ihren schroffen Felsen. Hier lag das wilde Schottland vor mir, so wie ich es mir vorgestellt hatte, bevor ich es kannte.

Im krassen Gegensatz dazu erwartete mich ein paar Kilometer südlich eine weitläufige Dünenlandschaft. Mit ihren breiten Sandstränden und dem flachen, in der Sonne glitzernden tiefblauen Meer fühlte ich mich in der *Dunnet Bay* fast wie in südlichen Gefilden.

Das kleine Städtchen *Thurso* ist der einzige größere Ort zwischen John O'Groats und Durness. Von Scabster aus, ein paar Kilometer nördlich der Stadt, verbindet eine Fährlinie die Orkneys mit dem Festland. Vierzehn Kilometer weiter taucht, wie aus dem Nichts, rechts an der Küste ein Koloß auf, der wie ein technisches Monster aus einer anderen Welt in dieses Niemandsland verpflanzt wurde. Schafe grasen unbeeindruckt von der überdimensionalen Halbkugel aus Beton und Stahl vor dem Zaun um das Gebäude herum. Ein Einheimischer erklärte mir, warum man im Jahre 1959 das Kernkraftwerk von *Dounreagh* als ersten kommerziellen Schnellen Brutreaktor der Welt hier oben gebaut hat.

„Dies ist der Punkt mit der größten Entfernung zu den Houses of Parliament in London", sagte er. Und gleich im nächsten Satz wurde er leidenschaftlich: „Und sehen Sie, genau das ist der Punkt, warum momentan die Unabhängigkeitsbewegung in Schottland immer stärker wird. Die Engländer machten es nämlich mit allem so. Fast immer legten sie ihre Endlager für Chemischen Müll bei uns an und Schottland war für vieles einfach das Versuchsgebiet: Zum Beispiel die *Poll Tax*, die sogenannte Kopf-Steuer. Sie

Brandung in der weitläufigen Dunnet Bay

Eines von unzähligen aufgegebenen Gehöften in den Highlands

Die Einsamkeit des Nordens

wurde versuchshalber eingeführt, weil man die Akzeptanz bei den Bürgern testen wollte. Raten Sie mal, wo das getestet wurde?" Ich muß hinzufügen, daß ich die Aussagen meines Gegenüber nicht überprüft habe, daß ich diese Stimmung aber bei vielen Schotten angetroffen habe.

Nach Dounreagh ging das Farmland langsam über in bergige Hochmoore, die überzogen waren mit Heidekraut. Ich überquerte die Grenze zum Sutherland District. Der Name Sutherland ist abgeleitet von South Land (Südland). Die Wikinger waren es, die dem Land diesen Namen gaben, als sie sich auf den Shetlands ansiedelten. Single Track Roads – einspurige Straßen – bestimmten nun das weitere Fortkommen. Der geflickte Zustand mancher Abschnitte ließ nicht mehr als etwa 50 Stundenkilometer zu. Auf weiten Strecken schien ich allein unterwegs zu sein in dieser Abgeschiedenheit, aber ab und zu kam mir dann doch ein Fahrzeug entgegen und man grüßte sich.

Mein nächster Stop war *Bettyhill*. Der Ort entstand während der Highland Clearances als Auffanglager für Tausende von Flüchtlingen. Das *Strathnaver Museum* zeigt heute die Geschichte dieser Zeit in Form einer Sammlung von Fundstücken und Fotografien aus diesen Jahren. Auch ist ein cottage aufgebaut, das zeigen soll, wie die Menschen vor den Vertreibungen in Sutherland gelebt haben. Das Museum ist in einer kleinen Kirche gleich am Ortseingang hinter der Tourist Information untergebracht. In dem winzigen Tearoom neben dem Informationsbüro genoß ich hausgemachten Karottenkuchen mit englischem Tee. Schließlich konnte ich es mir nicht verkneifen, die Lady des Hauses zu fragen, wie man denn in dieser Einsamkeit leben könne? Sie verriet mir, „sie stamme eigentlich aus Glasgow und sei erst vor ein paar Jahren hierhergezogen. Anfänglich", meinte sie, „sei es äußerst gewöhnungsbedürftig gewesen. Aber jetzt würde sie für nichts in der Welt mehr von hier weggehen, die Ruhe sei einzigartig."

Die A838 führt als einzige Langstreckenverbindung wie ein roter Faden an der Nordküste entlang. Nicht weit hinter Bettyhill beginnt der landschaftlich abwechslungsreichere Teil dieser Nordstraße. Fjorde wie der *Kyle of Tongue* und *Loch Eriboll* zählen zu den schönsten Küstenlandschaften in Schottland. Streckenabschnitte mit bis zu 15% Steigung geben der A838 alpinen Charakter und machen die Fahrt entlang dieser zerklüfteten Küste zu einem besonderen Erlebnis.

Als nächster größerer Ort ist *Durness* in der Karte verzeichnet. Aber ähnlich wie John O'Groats besteht der 400 Einwohner zählende Ort aus einer losen und weit verstreuten Ansammlung von Farmhäusern. Eine Tourist Information, eine Tankstelle und ein Pub sowie

Smoo Cave bei Durness

Die Einsamkeit des Nordens

der Caravan Park bilden den Ortskern an der *Sango Bay*, wobei Anfang und Ende der kleinen Stadt sich langsam in der Landschaft verlieren. Schwarze Basaltfelsen unterbrechen den weitläufigen weißen Sandstrand der Bucht und wirken wie die letzten verlorenen Bastionen gegen die anstürmende See. Die Seehöhle von Durness, *Smoo Cave*, liegt am östlichen Ende des Ortes. Wind, Regen und hauptsächlich die Gezeiten haben in Millionen von Jahren die Grotte aus dem Kalkstein herauserodiert. Das Wasser drang in kleine Ritzen des Gesteins ein, schuf immer größere Spalten und Löcher, bis der Fluß am Ende ganz im Untergrund verschwand. Heute endet er in einem Wasserfall, der über 21 Meter in die unterirdische Höhle stürzt, bevor er durch eine 800 Meter lange Schlucht ins Meer mündet. Der Höhleneingang ist mit 30 Metern Breite und 15 Metern Höhe einer der größten in Großbritannien. Die beiden hinteren Höhlensäle können nur mit dem Boot erkundet werden. Die Höhle wurde schon von den Wikingern benutzt, daher rührt auch der Name „smuga", Versteckplatz oder Loch. Im 17. Jahrhundert sollen achtzehn Gegner des Clans der Mac-Murchows ermordet worden sein, indem sie den Smoo-Wasserfall hinuntergestürzt wurden – die Überlieferung nennt Domhnuall MacMhurchadh als den Mörder.

Auf einer winzigen Landstraße verließ ich Durness in westlicher Richtung. Nach viereinhalb Kilometern kam ich an einen alten Friedhof mit einer verfallenen Kapelle, *Balnakeil Churchyard*. Die hereinbrechende Dämmerung und der Nieselregen versetzten mich in die richtige Stimmung, zwischen alten Gräbern zu streunen. Und

Stöbern in der Vergangenheit: Balnakeil Churchyard

tatsächlich fand ich, was ich suchte. Im Jahre 1619 wurde diese kleine Kirche neu gebaut, und da der örtliche Pfarrer mit Geld nicht gerade gesegnet gewesen zu sein schien, ließ er sich angeblich auf einen etwas unchristlichen Kuhhandel ein, um die Finanzierung des Neubaus zu sichern. Er willigte ein, dem Geldgeber, einem örtlich bekannten, nach christlicher Lehre nicht ganz unschuldigen Sünder nach dessen Tod ein christliches Begräbnis und eine besondere letzte Ruhestätte zu gewähren. Eben dieser Mann liegt heute in dem ältesten erhaltenen Grab auf dem Balnakeil Churchyard. Besser gesagt er steht, denn er ließ sich stehend beisetzen, da er seinen Feinden die Genugtuung nicht geben wollte, auf seinem Grab herumzutrampeln. Mit viel Phantasie läßt sich auf der Grabplatte ein Namen entziffern: Domhnuall

Die Einsamkeit des Nordens

MacMhurchadh. Der Pfarrer konnte wohl deshalb anschließend noch ruhig schlafen, weil sich das Grab nur teilweise in der Kirche befand: es wurde in der Außenwand eingelassen.
Zwischen Balnakeil Church und Durness liegt ein ehemaliges Kasernengelände, das während des Zweiten Weltkrieges als Frühwarnstation diente. In das Gelände zogen nach Abzug der Militärs Kunsthandwerker ein, um gemeinschaftlich das *Balnakeil Craft Village* zu betreiben. Beim Besuch des Künstlerdorfes drängt sich allerdings eher der Gedanke an eine heruntergewirtschaftete Kommune auf.
Cape Wrath ist mit dem eigenen Fahrzeug nicht zu erreichen. Man kann mit einer kleinen Fähre den Kyle of Durness überqueren und mit einem Minibus bis zum Leuchtturm auf den höchsten Klippen des Festlandes fahren.

Abendstimmung in den Highlands

AUSKUNFT
Dornoch
Sutherland Tourist Board, The Square, Dornoch, Sutherland IV25 3SD, Tel. 01862/810400
Thurso
Caithness Tourist Board, Whitechapel Road, Wick, Caithness KW1 4EA, Tel. 01955/602596
Wettertelefon: 01891/200843

ÜBERNACHTUNG
Dornoch
Pitgrudy Caravan Park, Dornoch, IV25 3HY, Tel. 01862/821253.
Gepflegter Platz auf leicht abschüssigem Wiesengelände, gute sanitäre Einrichtungen.
Helmsdale
Helmsdale Caravan Site, Strath Road, Helmsdale KW8 6JL, Tel. 01431/2603.
Dunbeath
Ein kleiner Parkplatz unterhalb der A9-Brücke neben der verfallenen Mühle bietet eine gute Möglichkeit zu übernachten. Von der A9 die erste Abfahrt rechts nach Dunbeath, bergabwärts, erste Kreuzung nicht Richtung Hafen, sondern nach links, Schild „Picknick site", Parkplatz „Heritage Trail".
John O'Groats
John O'Groats Caravan Site, Caithness KW1 4YR, Tel. 01955/81329. Direkt neben dem nördlichsten Haus Schottlands am Meer gelegen. Ebenes Wiesengelände. Sanitärblocks Standard.
Bettyhill
Parkplatz am River Naver, 2 km südlich von Bettyhill bei Achina. Direkt vor der Brücke über den River Naver geht links ein einspuriges Sträßchen ab nach Skelpig. Parkplatz ein paar 100 m rechts am Fluß. Gute Möglichkeit, den Camper über Nacht hinzustellen.
Durness, Sango Sands Caravan & Camping Park, Durness, Sutherland IV27 4PP, Tel. 01971/511262.

PARKEN
Je weiter man nach Norden kommt, um so weniger ist das Parken ein Problem, denn Verkehrsstaus sind hier oben unbekannt.

HIGHLIGHTS
* Cromarty Firth, „Parkplatz" der Öl-Bohrinseln
* Dornoch, mittelalterlicher Ortskern, Dornoch Cathedral, Witch's Stone
* Dunrobin Castle (Öffnungszeiten: Juni-Sept., Mo.-Sa. 10.30–17.30 Uhr, So. 13.00–16.30 Uhr)
* Helmsdale, Timespan Heritage Centre (Öffnungszeiten: Ostern-Okt., Mo.-Sa. 10.00–17.00 Uhr, So. 14.00–17.00 Uhr)
* John O'Groats, Duncansby Stacs, nord-östlichster Punkt Schottlands
* Bettyhill, Strathnaver Museum (Öffnungszeiten: Apr.-Okt., Mo.-Sa. 10.00–17.00 Uhr)
* Durness, Smoo Cave, Sango Bay, Cape Wrath

WEITERE AUSFLÜGE
* Strath of Kildonan, Goldgräbertal
* Wick, Caithness Glass, Eintritt frei (Öffnungszeiten: Mo.-Sa. 9.00–17.00 Uhr, So. 11.00–17.00 Uhr)
* Dunnet Head, nördlichster Punkt Schottlands

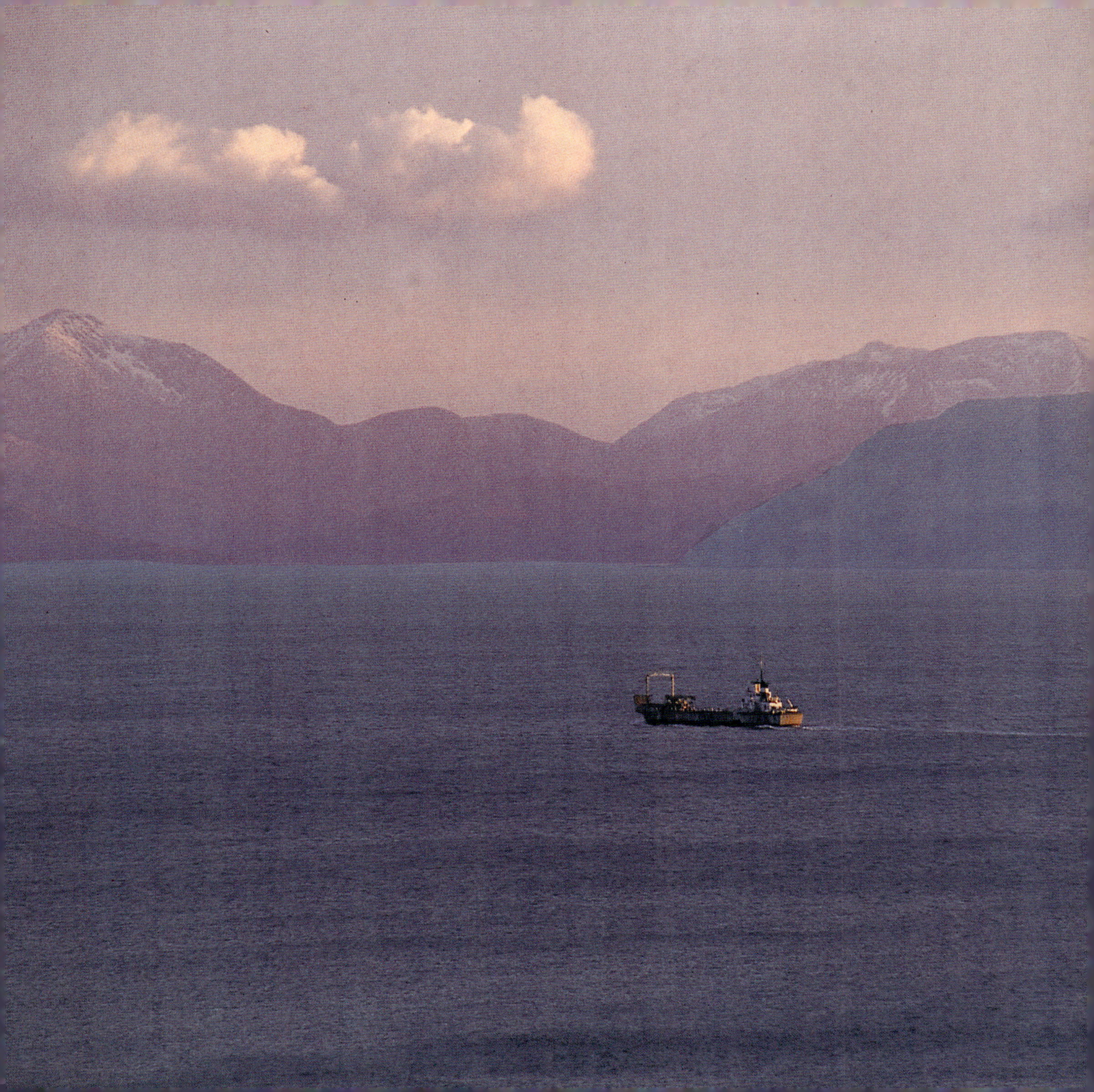

Nach Durness ging's nun in Richtung Süden und die Straße wurde nach Laxford Bridge wieder zweispurig in gut ausgebautem Zustand. Und obwohl der Verkehr nun wieder dichter wurde, grüßte man sich beim Entgegenkommen an den Ausweichstellen.
Nach Unapool steuerte ich wieder über die Paßstraße hinein in das hohe

Schottlands wilde Küste

Gebirge der Highlands. Kurz hinter Elphin (gälisch: Ailbhinn) fuhr ich in das *Inverpolly National Nature Reserve*. Das 1961 gegründete Reservat ist heute mit 10.850 Hektar das zweitgrößte Schutzgebiet dieser Art in Großbritannien. Bis vor etwa 4.000 Jahren war dieses Gebiet bewaldet. Eine Klimaveränderung zerstörte den größten Teil des Waldes, dem anschließend durch Brandrodung und Felderwirtschaft vollends der Garaus gemacht wurde. Durch den Zerfallsprozeß entstand Torfmoor, das für das Wiederentwickeln der Bäume nicht genug Nährstoff bot. Auf dem sauren Boden gediehen nur Heidekraut, Sumpfgras, Fingerhut sowie ein insektenfressendes Fettkraut. Moos und Flechten konnten sich in dem feuchten Klima ebenfalls gut entwickeln. Kurz vor dem Grenzschild zum *District Ross and Cromarty* befindet sich links an der Straße das Knockan Visitor Center. Hier besorgte ich mir Wanderkarten und Informationsmaterial über den Park. Bevor ich mich aber daran machte, das Gebiet zu erkunden, beschloß ich, den *Ardmair Camping Ground* anzufahren. Dieser Platz liegt sechs Kilometer nördlich von Ullapool und ist ein gepflegtes, ebenes Wiesengelände mit neuen Sanitäranlagen direkt am Meer. Er bildet einen guten Ausgangspunkt für Ausflüge ins Inverpolly Gebiet.

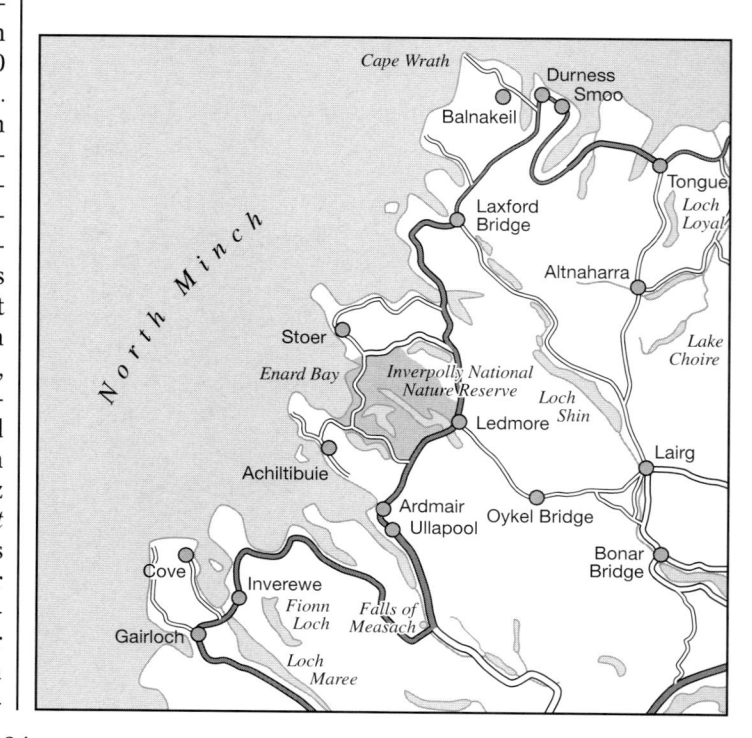

Am nächsten Morgen fuhr ich neuneinhalb Kilometer zurück in die Richtung, aus der ich gekommen war. Am Abzweig nach Achiltibuie bog ich nach links ein, um über ein einspuriges Bergsträßchen nach etwa acht Kilometern den kleinen Parkplatz unterhalb des *Stac Pollaidh* zu erreichen. Nicht nur der Berg, sondern auch dieser Parkplatz erfordern ein frühes Aufstehen, denn er faßt nur etwa zehn Fahrzeuge und ist bei Wanderwetter gut besucht. Angler und Fotografen, so heißt es ja, sind Frühaufsteher und so hatte ich hier um fünf Uhr morgens noch keine Parkprobleme. Obwohl der „Berg im Torfmoor" nur 613 Meter hoch ist, faszinierte er mich durch seine Form. Irgendwie wurde ich an das Matterhorn erinnert und beschloß, hinaufzusteigen. Der Aufstieg war sehr beschwerlich, wählte ich doch die kürzeste Strecke, nämlich den Weg, der vom Parkplatz aus ziemlich senkrecht nach oben führt. Die engen Wegserpentinen, die brüchige Oberfläche und das Überqueren von Geröllfeldern hin und wieder machten feste Wanderstiefel unbedingt notwendig. Damit ist man auch nach Regen für die matschigen Wasserlöcher gewappnet. Umsicht und Schwindelfreiheit sind ebenso unbedingt vonnöten. Aber der eineinhalbstündige Weg hat sich gelohnt. Oben angekommen tat sich ein Fernblick auf über weite Teile des Inverpolly National Nature Reserve, über das hügelige Seengebiet des Hochmoores bis zum Meer. Das Grün der Heide wurde nur durch die in der Sonne glitzernden Moorseen und die immer wieder aufragenden Felsen unterbrochen.

Wer sich den beschriebenen Aufstieg nicht antun möchte oder sich ihn nicht zutraut, für den gibt es die Möglichkeit, in etwa eindreiviertel Stunden den Wanderweg rund um den Stac Polly (so der englische Name) herumzugehen. Abgesehen vom steilen Anfangsstück ist dieser Weg leicht zu gehen und führt ebenfalls an drei Aussichtspunkten vorbei.

Vom Parkplatz aus nach links führt die kleine Straße weiter zur *Enard Bay*, deren Sandstrände ein beliebtes Ausflugsziel auch für Wassersportler sind.

Bei Aird of Coigach bog ich nach rechts ein in das Sträßchen, das die winzigen Siedlungen im Parkgebiet miteinander verbindet, denn große Teile des National Reserves sind Privatland. Über Inverkirkaig und Strathan kam ich nach Lochinver über eine Straße, die oft das zentimetergenaue Rückwärtsfahren mit dem Wohnmobil dringend erforderlich machte. Die Straße windet sich einspurig durch die wilde Landschaft und bietet faszinierende Eindrücke vom Inverpolly Gebiet. Sie ist jedoch an vielen Stellen derart eng, daß neben einem Auto nicht einmal ein Fahrrad mehr dazwischen passen würde. An Ausweichstellen ist also auch das Rückwärtsfahren genauso nötig wie das genaue Rangieren. Mit sehr großen Wohnmobilen empfehle ich, diese Straße nicht zu fahren. Um Lochinver soll es angeblich mehr als 280 Lochs geben, ein Eldorado für Angler. Nach Lochinver führte die Straße am River Inver entlang bis zum Loch Assynt. Bei Skiag Bridge stieß ich wieder auf die A894, die ich, von Durness kommend, gefahren war. Über Scronchrubie, Ledmore und Elphin schloß sich der Kreis wieder rund um das Inverpolly National Nature Reserve.

War ich in Caithness und Sutherland durch abgelegene Einsamkeit gefahren, so stieß ich in *Ullapool* wieder auf eines der wichtigen touristischen Zentren des Nordwestens. Die Stadt ist der beliebte Ausgangspunkt für Wanderungen im Inverpolly Gebiet. Im Sommer ist es überlaufen und im Winter praktisch geschlossen. Von den Souvenirshops an der Uferstraße bis hin zum gutsortierten Lebensmittelladen bieten sich gute Einkaufsmöglichkeiten und für die abendlichen Vergnügungen

Schottlands wilde Küste

Schottlands wilde Küste

Inverpolly National Nature Reserve: Blick auf den Cnuic na Braclach

Bei allem Bewußtsein für die Tradition: Ein Späßchen muß sein

stehen gemütliche Pubs und Restaurants zur Verfügung. Vom Broomfield Caravan Park aus ist der Ortskern und der Hafen zu Fuß in fünf Minuten zu erreichen.

Von Ullapool aus verbindet eine Fährlinie das Festland mit den Inseln der Hebriden. Ein interessantes Kleinod ist das örtliche Heimatmuseum, das neben dem Postamt in einer ehemaligen kleinen Kirche untergebracht ist. Es erzählt vom Aufstieg und Niedergang der örtlichen Herings-Fischerei, von Auswanderungsschiffen, die von Ullapool aus in die neue Welt aufbrachen und von einem deutschen Aufklärungsflugzeug, das hier in der Bucht während des Zweiten Weltkrieges abgeschossen wurde. Wrackteile der Maschine wurden vor dem Museumseingang aufgestellt und rosten zwischen den alten Gräbern des ehemaligen Friedhofes langsam vor sich hin.

Das *Loch Broom Valley*, an dem Ullapool liegt, war in der Eiszeit mit Gletschern bedeckt. Als diese sich vor etwa zehn- bis dreizehntausend Jahren zurückzogen, schliffen riesige Mengen von Schmelzwasser die von Nordwe-

86

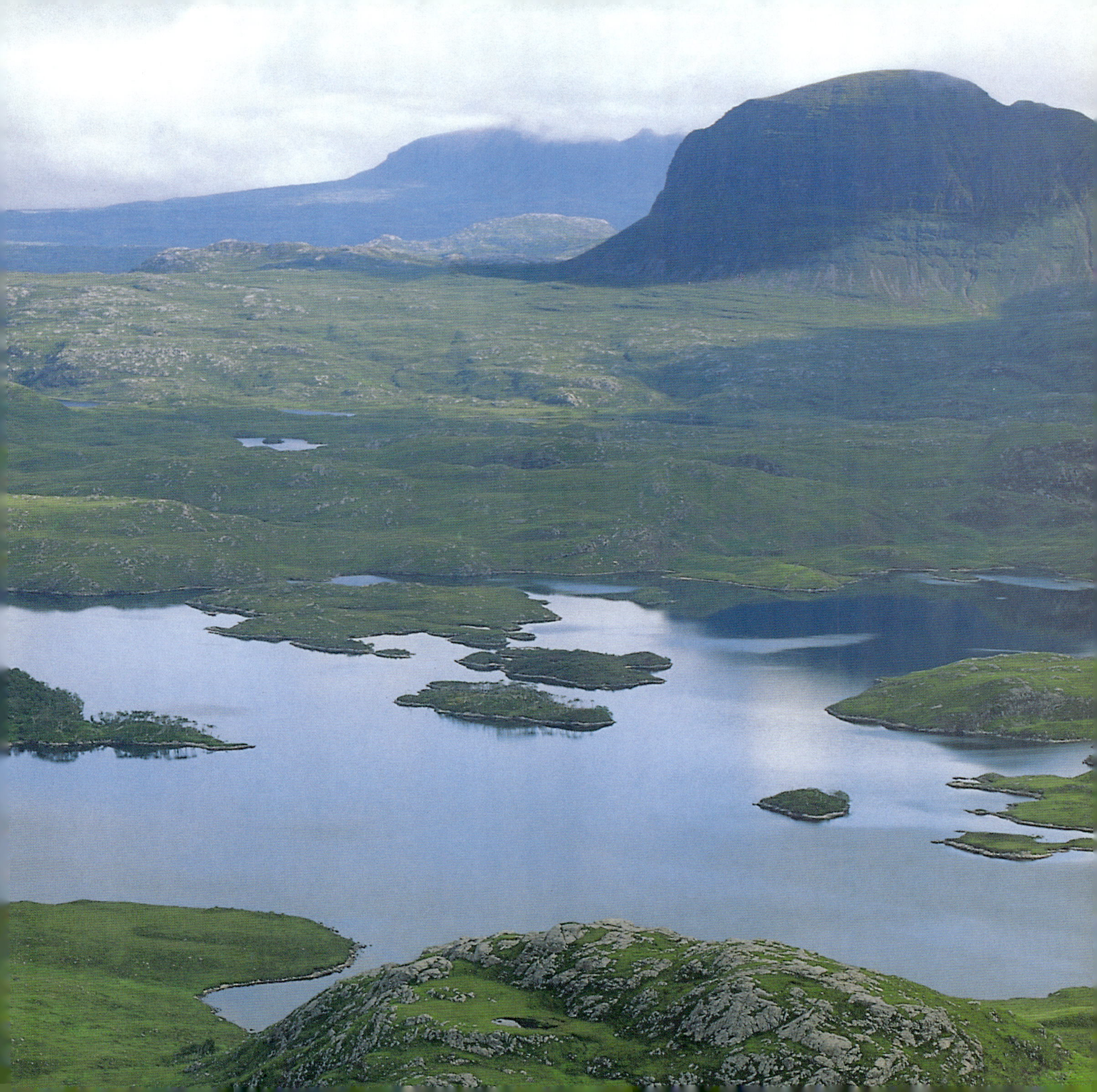

Schottlands wilde Küste

sten nach Südosten verlaufende geologische Verwerfung aus. Sie hinterließen eine eineinhalb Kilometer lange Schlucht, die sechzig Meter tief heute von einer Brücke aus zu bestaunen ist, die *Corrieshalloch Gorge*. Auf beiden Seiten der sehr engen Schlucht steigen die glatten Felswände fast senkrecht auf und werden nur hin und wieder von einzelnen Bäumen unterbrochen, die es schafften, auf diesen exponierten Stellen Wurzeln zu schlagen. Der *River Droma* fällt unterhalb dieser Fußgängerbrücke über fünfundvierzig Meter in die Tiefe, die *Falls of Measach*. Die Droma ist eigentlich ein kleines Flüßchen, das sich aber, durch einen kleinen Felsspalt gezwängt, zu einem Wasserfall verdichtet, der vor allem nach der Schneeschmelze ein imposantes Schauspiel bietet. Vom Parkplatz aus ist die 1867 erbaute footbridge in einem kurzen Spaziergang gut zu erreichen. Ein englischer Schriftsteller schrieb im 18. Jahrhundert, als er in die Schlucht von Corrieshalloch gekommen war: „Ich kann mich nicht erinnern, zehn Schritte gemacht zu haben ohne einen Ausruf, der sich nicht unterdrücken ließ".

Viktorianische Architektur: Das Caledonian Hotel in Ullapool

Fischereihafen Ullapool

Es war Ende April und ich stand, zurück von meinem kleinen Ausflug, mit meinem Wohnmobil praktisch allein auf dem Parkplatz. Nicht ganz, ein Trucker schien eine angeregte Unterhaltung zu führen mit dem Besitzer der ansonsten verlassen wirkenden Ice-and-cold-drinks-Bude. Die noch schneebedeckten Gipfel des Ann Teallach waren in der Ferne zu sehen. Da der Wirt aus seinen Deutsch-Kenntnissen keinen Hehl machte, gesellte ich mich trotz der Kälte einfach dazu. Auf einem großen Schild hatte er sein restliches Angebot veröffentlicht: *Steakbrötchen, Speckbrötchen, Schinkenbrötchen, Käsebrötchen, Aufbrötchen* (das ist kein Schreibfehler), *Hot Dog*. „Hot Dog habe er absichtlich nicht übersetzt", erklärte er mir, „dies sei doch auch in Deutschland ein bekanntes Wort – oder etwa nicht?"
Kurz hinter der Corrieshalloch Gorge bog ich in die A832 ein, nach Gairloch. Eine Schranke an der Kreuzung sperrt diese Straße im Winter, wenn sie wegen Schnee unbefahrbar wird. Zweieinhalb Kilometer nach dem Abzweig befindet sich rechterhand ein großer

Aussichtspunkt, von dem aus sich der Blick in das Tal des River Broom bis an den Loch Broom auftut. Im Sommer traf ich hier immer wieder einen Dudelsackspieler, der, auf und abwandernd, die schottische Musik in die Highlands hinausblies. Mit dem Koffer vor sich verdiente er so seine Reisen durch das Land.

Im weiteren Verlauf wurde ich erinnert an die Landschaften der Nordstraße vor Bettyhill: Kahles Hochland, hier jedoch unterbrochen von ein paar wenigen Nadelwaldplantagen, mit denen man versucht, der immer stärker werdenden Bodenerosion Herr zu werden. Gemütlich fuhr ich auf dem kurvigen Sträßchen am Dundonnel River entlang durch verwachsenen, moosüberzogenen Birkenwald. Kahle Bergrükken, Hochmoor und Farmland wechselten sich bis zur Gruinard Bay immer wieder ab. Es ist eine idyllische Straße, die zu fahren sich lohnt. Sie sollten vor allem immer wieder einmal kurz anhalten und die schönen Ausblicke genießen.

Daß im nordischen Schottland das vieldiskutierte Wetter gar nicht so kalt und schlecht sein kann, das bewies der junge Osgood Mackenzie bereits in den sechziger Jahren des letzten Jahrhunderts. Azaleen, Magnolien, australischer Eukalyptus und japanische Farne blühten als subtropische Vegetation auf der heimischen sauren Torferde ebenso wie südamerikanische Wasserlilien und Rhododendren. Die *Inverewe Gardens* kurz vor Poolewe in der geschützten Bucht des *Loch Ewe* werden heute noch von etwa 120.000 Reisenden aus aller Welt besucht und sind für den botanisch Interessierten ein lohnender Zwischenstop.

In *Gairloch* suchte ich den mitten im Ort gelegenen Caravan Park auf, war jedoch von den Einrichtungen so wenig begeistert, daß ich mich entschloß, am späten Abend doch noch etwas weiter zu fahren beziehungsweise weiter zu suchen. Die kleine Küstenstraße entlang dem nördlichen Ufer des Loch Gairloch führte mich schließlich nach nur fünf Kilometern nach *Big Sand*. Das wunderschön hinter den Dünen und dem weiten Sandstrand gelegene *Sands Holiday Center* belohnte mein Durchhaltevermögen hinter dem Steuer. Der Caravan Site war wie geschaffen dafür, einen Tag Pause einzulegen. Dünenwanderungen, Spaziergänge am Strand oder Sonnenbaden im Sommer bieten sich geradezu an.

Die A832 führte wieder landeinwärts und stieß bei Talladale auf *Loch Maree*. Zwischen Talladale und Kinlochewe liegt der *Slattadale Forestry Park*. Kleine Wanderwege und ein Spaziergang zu den Victoria Falls bieten gute Möglichkeiten, die Fahrt zu unterbrechen. Direkt am Loch findet sich ein Picknick- und Rastplatz direkt am Wasser, „Loch Side Parking" ist ausgeschildert. Er ist großzügig angelegt und bietet Aussicht auf einen großen Teil des Loch Maree und den alles überragenden Gipfel des Ben Slioch mit seinen 3215 feet (980 Meter) Höhe. Dies scheint zunächst nicht besonders hoch zu sein, sind wir von den Alpen doch ganz andere Höhenangaben gewohnt. Doch der Berg, dessen Flanken bis an Loch Maree heranreichen, erhebt sich direkt ab Meereshöhe.

In *Kinlochewe* bog ich ab auf die A869 nach Torridon. Eine einspurige Straße führte mich hinein in das *Ben Eighe National Nature Reserve*. Der Park

Schottlands wilde Küste

wurde im Jahre 1951 als erstes Naturschutzgebiet Großbritanniens ausgewiesen und 1976 von der UNESCO als Biosphären-Reservat eingestuft. Der Ben Eighe, nachdem das Gebiet benannt wurde, hat eine Höhe von 3313 feet. Kaledonische Pinien bestimmen das Landschaftsbild in den unteren Lagen, während weiter oben eine alpine Vegetation anzutreffen ist.

Im *Glen Torridon*, elf Kilometer nach Kinlochewe erreicht man einen großen Parkplatz, der sich als Ausgangspunkt für mehrere Wanderungen durch den Park anbietet. Im Frühjahr war das Moor durch das Schmelzwasser vollgesogen bis zum Rand, so daß Tümpel und Moorlöcher entstanden, die im Sommer ohne Probleme zu durchwandern sind. Teilweise sank ich bis zu den Waden ein in den schwammigen Untergrund. Von diesem Parkplatz aus bietet sich ein Blick in die geologische Vergangenheit der Eiszeit, den „Choir of the Hundres Hills". Das Tal wurde während der Eisschmelze von den sich zurückziehenden Gletschern geformt, und der vor etwa 10.000 Jahren abgelagerte Moränenschutt bildet am gegenüberliegenden Bergrücken angeblich ein Exemplar der besterhaltenen Zeugen dieser Art in Schottland. Mich faszinierte der scharfe Übergang von der Moräne zu der schroffen Felsstruktur der dahinterliegenden Berge.

Munrobagging ist eine populäre Beschäftigung der Schotten geworden. An Wochenenden strömen die Stadtmenschen in die Natur und besteigen Berge. Sie besteigen sie nicht nur, sondern sie sammeln sie auch. Sir Hugh Munro, der unfreiwillige Urheber dieser Volksbewegung, veröffentlichte im Jahre 1891 ein Buch, in dem er alle Berge Schottlands aufführte, die höher

Inveralligan mit Upper Loch Torridon

sind als 3000 Fuß (913 Meter). Immerhin umfaßte sein Werk dreißig Bände und er beschrieb darin 283 Gipfel, die Munros. Die Zahl reduzierte sich bis heute wieder, nicht weil die Berge durch Erosion so schnell abgetragen worden wären, sondern weil Messungen mit modernerer Technik Korrekturen notwendig gemacht haben. Dann gibt es noch die sogenannten *Munroisten*, jene Munrobagger, die alle 277 heute gültigen Munros bestiegen haben. Über tausend soll es geben im Club der Munroisten. Wem das immer noch zu wenig spektakulär erscheint, demjenigen sei empfohlen, das Munro-Buch-der-Rekorde anzustreben: Alle Munros in 66 Tagen ist der zur Zeit gehaltene Rekord.

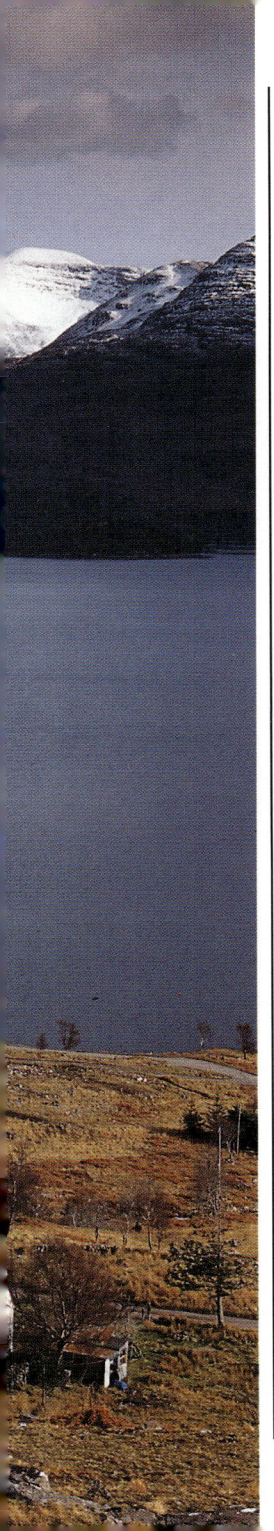

Das Torridon-Gebiet ist eine Ansammlung von sieben Munros und wird damit an Wochenenden gut besucht von Wanderern und Bergfreunden, die sich im Quarzsteinmassiv des *Ben Eighe* und an den Sandsteingipfeln den *Liathach* abmühen.

Der Ort Torridon selbst besteht aus nicht mehr als einer Ansammlung von einzelnen Häusern, einer Jugendherberge und einem Campingplatz. Das „Torridon Country Side Center" liegt als Besucherzentrum direkt an der Hauptkreuzung und bietet Kartenmaterial und Informationen zur Gegend an. Ich entschloß mich aus Neugierde, das Sträßchen nördlich des Upper Loch Torridon entlang zu fahren, obwohl es als Sackgasse endet. Durch

Shieldaig im Torridongebiet

Uferstraße in Applecross

Ebbe am Inner Sound, Applecross

den Kiefernwald führten die engen Serpentinen bergauf und bergab. Bevor die Straße sich dann nach Inveralligan hinunterschlängelte, eröffnete sich mir der Fernblick auf Upper Loch Torridon und das dahinter liegende Glen Torridon. *Inveralligan* ist ein winziges Dorf, das sich sehr malerisch in die kleine Bucht einfügt.

Die Nacht verbrachte ich auf dem halboffiziellen Campingplatz direkt in der Bucht bei Annat. Ein Farmer „betreibt" den Platz, indem er einfach das Land zur Verfügung stellte und eine weiße Geldbox auf einer Stange am Eingang montierte. Es gibt keinerlei Sanitäranlagen oder Waschräume, dafür aber einen weiten Kiesstrand, der dazu einlädt, den Sonnenuntergang hinter den Inseln und Landzungen des Loch Torridon zu genießen.

Kurz hinter Shieldaig kam ich an einen kleinen Abzweig und bog nach rechts ein nach Kenmore und Applecross. Ein unbedeutendes Sträßchen dafür, daß die Halbinsel von Applecross mit zu den vielgepriesenen landschaftlichen Höhepunkten gehört. Meiner Ansicht nach für jeden Schottland-Reisenden ein absolutes „Muß". Entlang des Loch Shieldaig und Loch Torridon umfuhr ich hinter Fearnmore die Landzunge *Rubha na Fearn*. Was sich mir danach im Abendlicht auftat, war der fantastische Blick auf den *Inner Sound*, auf die Inseln von *Raasay* und *Rona*, und die Silhouette der *Isle of Skye*, die sich im gleißenden Abendlicht im Hintergrund abzeichnete.

Die Straße von Shieldaig nach Applecross wurde erst 1976 gebaut. Der Ort war davor im Winter nur über das Meer erreichbar, da der Rinderpass (Bealach-na-Ba) bei Schnee gesperrt war. *Applecross* ist ein malerisches Örtchen, das im Schutze kleiner Birkenwäldchen und alter Eichen an einem langgezogenen Sandstrand liegt.

Kurz hinter Applecross erreichte ich Schottlands spektakulärste Paßstraße. Am Scheitelpunkt des Rinderpasses angekommen, war mir klar, daß die bevorstehende Weiterfahrt nicht einfach werden würde. Aber es half nichts, ich mußte da runter. Ich rede nicht gerne in Superlativen, aber diese Strecke ist die wildeste Straße, die ich in Schottland gefahren bin. Im Mai noch ging der Schnee einen Meter hoch an die Straße heran und das Wohnmobil paßte gerade durch. Die einspurige steile Serpentinenstraße hat zwar etliche Ausweichstellen, erfordert aber dennoch das gute Kennen des Fahrzeuges und ein sicheres Rangieren im Notfall. Bei schönem Wetter lohnt sich die Fahrt wegen der weiten Aussicht auf Lochcarron und die Bergwelt des Wester Ross. Bei Nebel oder Regen ist es ein spektakuläres Fahrerlebnis allein wegen der Straße. Daher war ich doch froh, als ich endlich in Kyle of Lochalsh ankam. Von hier aus verbindet eine Fähre im Zehnminutentakt die Isle of Skye mit dem Festland. Vorherige Buchungen sind nicht nötig. Eine neugebaute Brücke soll in Kürze die Fährverbindung ablösen.

Schottlands wilde Küste

AUSKUNFT
Ullapool
Information Centre (im Fähr-Terminal der Caledonian MacBrayne Co., Hafen), Tel. 01854/612135
Knockan
Visitor Centre (Informationen für Wanderer und Bergsteiger), 20 km nördlich von Ullapool, direkt an der A 835
Wettertelefon: 01891/200843 – Wandern und Bergsteigen: 01891/333198

ÜBERNACHTUNG
Inverpolly National Nature Reserve
Am Ausgangspunkt der Wanderung auf den Stac Polly befindet sich ein kleiner Parkplatz auf der gegenüberliegenden Straßenseite. Man kann hier sehr gut den Camper über Nacht hinstellen. Das hat den Vorteil, daß man mit dem Aufstieg am nächsten Morgen sehr früh beginnen kann, denn ab ca. 8.30 Uhr wird's ziemlich voll.
Ullapool
Broomfield Holiday Park, Shore Street, Ullapool, Ross-shire, Tel. 01854/612020
Gairloch
Sands Holiday Center, Gairloch, Ross-shire, IV21 2DL, Tel. 01445/712152
Loch Maree
Großer, von der Straße etwas abgelegener Parkplatz. Er befindet sich 10 km hinter dem Slattadale Forest Loch Side Picknick.

Torridon
Halboffizieller Caravan und Camping Platz direkt am Loch Torridon – wird von einem Farmer betrieben. Keine sanitären Anlagen, dafür sehr schöne Lage. Die Gebühren werden in ein an der Einfahrt aufgestelltes Kästchen geworfen (Ehrlich währt am längsten). Zwischen Cuaig und Applecross befindet sich ein Parkplatz zwischen Straße und Meer mit tollem Blick auf die Isle of Skye. Hier kann man ohne Probleme über Nacht parken.

PARKEN
Die Sehenswürdigkeiten haben alle Parkplätze zur Verfügung. In der Hauptreisesaison kann es um Ullapool herum ab und zu etwas eng werden. Aber außer direkt am Ullapool-Hafen ist Parken in den Wohnvierteln kein Problem. 3 Minuten zur Hafenpromenade.

HIGHLIGHTS
* Inverpolly National Nature Reserve, Stac Polly
* Ullapool, Tourismus-Zentrum und Ausgangspunkt zum Inverpolly National Nature Reserve
* Corrieshalloch Gorge, Falls of Measach
* Loch Maree
* Glen Torridon
* Applecross

WEITERE AUSFLÜGE
* Inverewe Garden (Öffnungszeiten: Mai-Sept. Mo.-Sa. 9.30-17.30 Uhr, So. 12.00-17.30 Uhr)
* Big Sand
* Inveralligan

Isle of Skye – Die Insel der Feen

Anders sind sie, die Inseln. Einsamer, steiniger als das Mutterland Schottland. Die ewigen Stürme haben das Land leergefegt. Man spricht gälisch und die Zeit verläuft langsamer hier draußen auf dem Außenposten Europas. Das Leben ist härter und immer schon eine Frage des Überlebens gewesen. Es war aber nicht das Leben der Menschen hier, das das populäre Bild der Hebriden prägt, sondern eine unwiderstehliche Mischung aus grandioser Natur, wilder Schroffheit und kahler Melancholie.

Die Insel Skye ist Teil der Hebriden, die sich aufteilen in die Inneren Hebriden (Skye, Mull, Iona, Staffa und Islay) und die Äußeren Hebriden (Harris and Lewis, Barra und Uist).

Die tiefe Meerenge zwischen dem Loch Alsh und dem Inner Sound ist bei den Fischern hier berüchtigt wegen ihrer Strömungen und Strudel. Der Tidenhub beträgt bis zu viereinhalb Metern. Die Wikinger gaben der Insel den Namen Skuyö, Wolkeninsel. Der gälische Name ist Eilean á Cheo, Nebelinsel. Der Wetterbericht des Schriftstellers Alexander Smith aus dem Sommer 1862 lautete: „Während der vier Wochen, die ich auf Skye verbrachte, hatte ich nur vier Tage streckenweise Regen – die restlichen siebenundzwanzig Tage regnete es ununterbrochen."

Nachdem ich mich also wettermäßig auf alles gefaßt gemacht hatte, wurde ich geradezu überrascht. Ich sollte eine Woche sommerliche Temperaturen und Sonnenschein auf der Insel erleben. Nach der fünfminütigen Überfahrt fuhr ich über die gut ausgebaute A850 direkt nach Portree. Mit 2.000 Einwohnern leben etwa ein Viertel der Inselbevölkerung in der größten Stadt auf Skye. Portree liegt mit dem kleinen Hafen malerisch eingebettet in die Bucht und bietet gute Möglichkeiten einzukaufen oder für einen gemütlichen Bummel durch den Ort. Die Stadt lebt aufgrund ihrer zentralen Lage zunehmend vom Tourismus, denn für das Erkunden der Insel ist Portree ein guter Ausgangspunkt. Ein Besuch beim Tourist Information Office ist lohnenswert, da man gute Informationsbro-

Wo einst Flora Macdonald lebte: Flodigarry Country Hotel

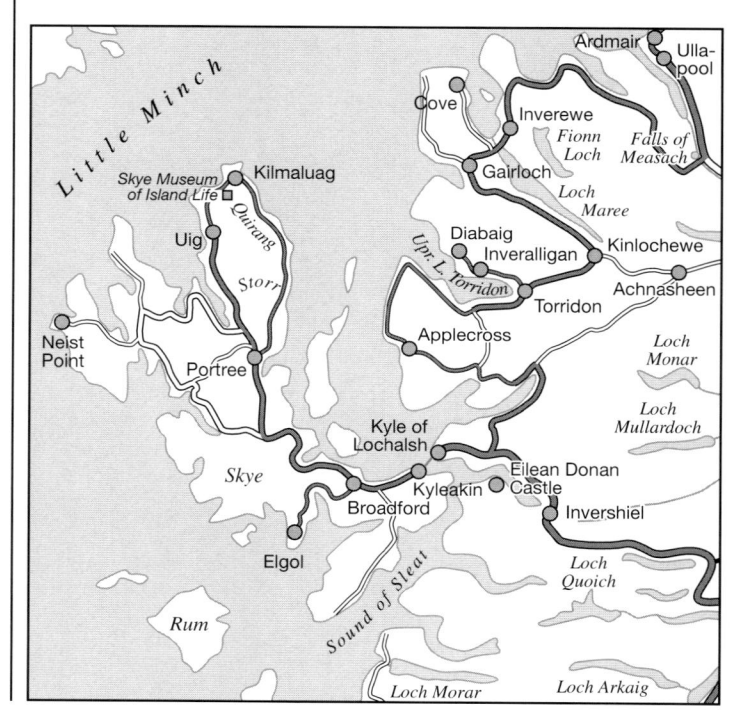

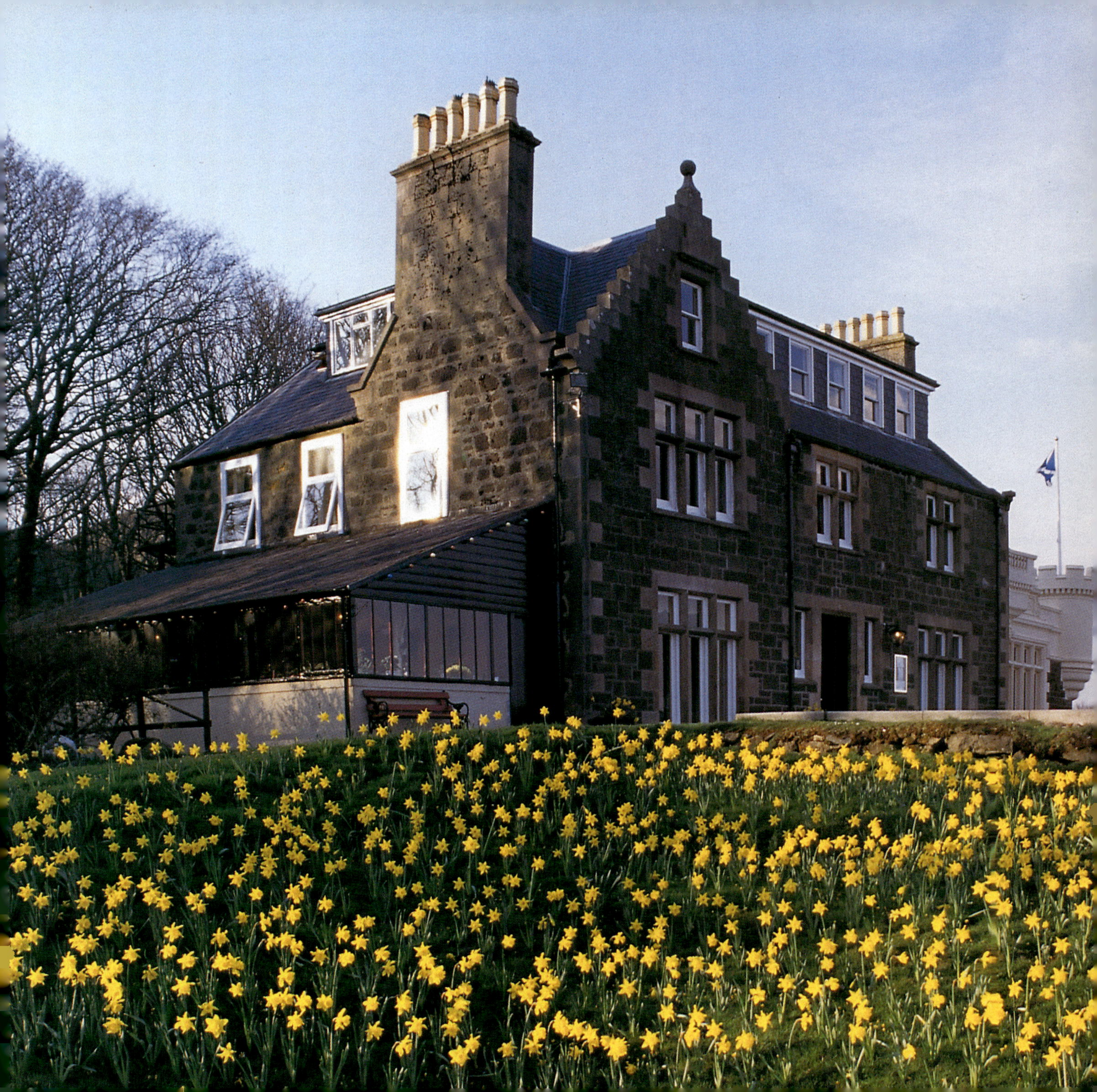

**Isle of Skye –
Die Insel der Feen**

schüren, Wandertips und Kartenmaterial zur Insel erhält.
Das *Skye Heritage Center* ist kurz vor der Stadt links am Waldrand gelegen. Die Geschichte der Insel wird in audiovisuellen Präsentationen dem Besucher näher gebracht. Man hat sich auf Besucher aus verschiedenen Ländern eingerichtet und bietet dem Interessierten mitzutragende elektronische Museumsführer an, an denen die jeweiligen Landessprachen einzustellen sind. Es wird die Flucht von Bonnie Prince Charlie erzählt, man erfährt etwas über Flora Macdonald, über die Reisen Samuel Johnsons auf den Hebriden, über Sklavenschiffe und die Auswanderungswellen nach Amerika. Das harte Schicksal der Auswanderer wird anschaulich erläutert. Eine Reise nach Australien dauerte fünf Monate, und zusammengepfercht unter Deck, durch Aufnahme verdorbener Lebensmittel und vitaminloser Kost starben viele bereits unterwegs an Krankheiten und Mangelernährung. Man nannte die Schiffe deshalb *coffin boats*, schwimmende Särge. Und für diejenigen, die im Land ihrer Träume ankamen? Die meisten landeten als Tagelöhner auf den Goldfeldern, auf Farmen oder in den mines, den Gruben. Die allerwenigsten machten ihr Glück.

Auf der A855 verließ ich Portree und fuhr an der Ostküste entlang weiter nach Norden. Bereits kurz hinter Portree erhebt sich linkerhand der etwa zehn Kilometer lange Bergkamm des *Storr*, eines 70 Millionen Jahre alten Gebirges. The *Old Man of Storr*, eine fünfzig Meter hohe Basaltsäule, war bereits von weitem zu erkennen. Ich stellte meinen Camper auf dem kleinen Parkplatz unterhalb des Old Man of Storr ab und beschloß, meine Wanderstiefel herauszuholen. Der Weg führte rechts an dem kleinen Wäldchen entlang nach oben und erforderte keine besonderen alpinen Kenntnisse. Hinter dem Old Man eröffnete sich mir eine bizarre Welt aus Felsbrocken und Geröllfeldern. Eine Feenlandschaft, die geprägt war von Felsnadel, die den großen Monolithen, den alten Mann von Storr umgaben. Moosbewachsener Stein und bröckelnde Felsen ließen in mir den Eindruck einer ganz anderen Welt entstehen, fast einer Art Mondlandschaft. Allein diese Landschaft war den Besuch auf Skye wert.
Mein Abstieg, es sollte der kürzere Weg auf der anderen Seite des Waldstückes werden, endete im heillosen Dickicht des niedrigen Nadelwaldes. Ich sank stiefeltief in den Torfboden, so daß ich anschließend das Wasser aus den knöchelhohen Schuhen ausschütten konnte.
Die Straße führte mich weiter nach Norden und nach etwa zwölf Kilometern blickte ich vom *Kilt Rock* aus auf den Inner Sound und die Insel Rona. Die Küste bei Applecross und die

Skye Museum of Island Life

Isle of Skye – Die Insel der Feen

Berge des Torridon-Gebietes ragten als Außenposten der Highlands in der Ferne aus dem diesigen Schönwetterhimmel. Der Kilt Rock hat seinen Namen von den tartanförmigen Mustern in seinem Gestein. Das Wasser der *Mealt Falls* fällt hier über neunzig Meter ins Meer.

Drei Kilometer nördlich von Staffin führt eine kleine Straße quer durch die Trotternish-Halbinsel nach Uig. Über diese Straße erreichte ich den *Quirang*, ebenfalls eine Anhäufung seltsam geformter Basaltsteine, Felsnadeln und Zinnen. Oben auf dem Felsplateau befindet sich ein kleiner Parkplatz, von dem aus ein Fußweg in den Quirang hineinführt.

Ich verspürte wieder einmal Lust, ein heißes Bad zu nehmen und in einem richtigen Bett zu nächtigen. So quartierte ich mich ein im *Flodigarry Country Hotel*, einem landhausähnlich eingerichteten Herrensitz mit Restaurant- und Hotelbetrieb sowie einem Pub. Die Atmosphäre war ein bißchen von allem, edel, gemütlich und englisch. Ein ausgezeichnetes, mehrgängiges Dinner versöhnte mich wieder mit dem vagabundierenden Camperleben.

In einem der cottages, die dem Hotel angeschlossen sind, lebte zu Zeiten Bonnie Prince Charlies Flora Macdonald – jene Lady, die dem Prinzen nach der Niederlage bei Culloden 1746 bei seiner Flucht in entscheidender Weise half. Durch ihr Engagement konnte der Prinz letztendlich nach mehrmonatiger Flucht nach Frankreich entkommen und seinem weiteren Leben in Rom frönen. Er verfiel dem Alkohol und den Mätressen, während seine Fluchthelferin für acht Monate im Londoner Towergefängnis verschwand.

Flora Macdonald wurde später begnadigt. Sie wanderte nach Amerika aus, kehrte aber Jahre später wieder zurück und lebte mit ihrer Familie in dem cottage hinter dem Hotel. Die den beiden später angedichtete Romanze ist offenbar weniger als ein Dokument der historischen Realitäten zu verstehen als vielmehr als Legende, die den schottischen Widerstand versinnbildlichen sollte. Der Prinz war während der zwölf Tage, die die beiden zusammen verbrachten, von Krankheit gezeichnet, er hatte die Ruhr und war ein geschlagener Feldherr, seit Monaten

Aus dem Leben der Bauern: Typisches Wohnzimmer der Crofters im letzten Jahrhundert

**Isle of Skye –
Die Insel der Feen**

Kilt Rock, Isle of Skye

Die Nordküste von Trotternish, bei Kilmaluag

Der Hafen von Portree

ohne Ruhe auf der Flucht. Der schöne Prinz in den Balladen, Liedern und Legenden ist wohl eher ein Irrtum der Dichter.

Ich fragte Andrew Butler, den Inhaber des Flodigarry Country Hotels, was es denn nun auf sich habe mit den alten Geschichten von Flora Macdonald. Sind es heute nicht nur Stories für einen gelungenen touristischen Werbetrick? „Wissen Sie", sagt er mir, „ich selbst bin Engländer aus Birmingham und erst vor zehn Jahren hierhergezogen. Wir sind hier mittlerweile vollständig integriert, aber Sie glauben nicht, wie traditionell (oldfashioned) die Menschen auf Skye sind. Man lebt hier mit den Traditionen und die Kinder bekommen die eigene Geschichte (nicht zu verwechseln mit der Welt-Geschichte) in der Schule gelehrt. Und ein Besuch am Grab Flora Macdonalds ist für jeden Schüler Pflichtprogramm."

Die Verbundenheit mit den Traditionen offenbart sich auch in anderen Dingen. Ein Händler für Agrartechnik erzählte mir, daß er sonntags unmöglich Waren ausliefern könne, was in Großbritannien sonst durchaus üblich ist – keiner würde ihm Geld dafür geben. Auf etlichen Farmen wird am Sonntag keine Zeitung gelesen, Radio gehört oder Ferngesehen. Dies widerspräche dem traditionellen Sonntagsbegriff. Einige Farmer auf Skye haben kleine Boote, mit denen sie im Sommer hinausfahren und ein wenig Fischfang betreiben. Viele von ihnen weigern sich angeblich bis heute beharrlich, an bestimmten Stellen der unzähligen vorgelagerten kleinen Inseln anzulegen. Sie sagen, dort lebe eine Art Wasserpferd (water horse) und dieses Tier mache diese Gewässer unsicher. Sie haben es in ihrer Schulzeit so gelernt und so lebt dieses Ungeheuer noch heute.

Als ich im frühen Morgenlicht Flodigarry verließ war der Quirang noch in Nebel verhüllt. Flora Macdonalds Grab lag auf dem höchsten Punkt des Friedhofes bei Kilmuir. Ein Schild machte darauf aufmerksam, daß es sich bei dem großen keltischen Grabkreuz um eine Nachbildung handelte, das Original sei Stück für Stück von Souvenirjägern abgetragen worden. Zweihundert Meter vom Friedhof entfernt besuchte ich das *Skye Museum of Island Life*, ein Freilichtmuseum mit reetgedeckten cottages. Man kann die Hütten begehen und durch die ausgestellten Werkzeuge und Geräte erhält man einen Einblick in des Leben der Crofters, der Klein-Pächter und Landarbeiter im 19. Jahrhundert. Spartanische Einrichtungen zeigt die Armut der Menschen auf. Auf dem Lehmboden befand sich in der Regel in der Mitte des Raumes eine offene Feuerstelle. Wenige grobe Holzmöbel zierten die unverkleideten Wände und oft bestand die Hütte aus nur einem einzigen Raum, der Wohnzimmer, Eßdiele, Küche und Schlafraum in einem war. Der Rauch des Torffeuers hing im Raum und brannte mir in den Augen.

Ich erinnerte mich an Eintragungen, die ich in alten Kirchenbüchern eines Dorfes in den Highlands fand: 1773 entschied man, nach einem Besuch des Bischofs, in der Nähe des Friedhofes eine neue Dorfkirche zu bauen. Als Bischof Forbes 1762 die alte Kapelle besuchte, schrieb er nämlich über deren Zustand: „Sie hatte einen Boden aus Erde, der bedeckt war mit menschlichen Gebeinen. Sie hatte niedrige

Isle of Skye – Die Insel der Feen

Wände und ein ärmlich gedecktes Dach. Die Stühle waren aus Krummholz, so daß man schwerlich darauf sitzen konnte. Auf dem Friedhof ragten menschliche Knochen aus der Erde und viele wurden von den Hunden davongetragen".

Zwei Namen, denen Reisende auf den Hebriden immer wieder begegnen, sind Dr. Samuel Johnson und James Boswell. Dr. Johnson war Literat und Lexikograph und machte sich 1773, begleitet von seinem Freund Boswell, auf zu einer Hebridenreise. Die beiden waren Engländer und offenbar allein durch ihre Herkunft ein wenig voreingenommen. In ihren veröffentlichten Reiseberichten jedenfalls kommen die Inselbewohner nicht besonders gut weg, vor allem, da Johnson seine Beschreibungen mit teilweise erheblichem sarkastischem Unterton versah. Dies entsprach sicher dem damaligen allgemein vorherrschenden Bild der unzivilisierten und wilden Nordländer. Johnson jedenfalls zog es vor, sich lauthals zum Beispiel über den Verlust seines Spazierstockes zu mokieren, weil er keine Möglichkeit sah, ihn auf den baumlosen und kahlen Inseln zu ersetzen, anstatt fremdartigen Landschaftsformen und das Leben der Menschen zu beschreiben.

Der wilden Bergkette der *Cuillin Hills* wegen fährt man heute nach Skye. Sie ist zum Inbegriff der rauhen Inselwelt geworden. Sir Walter Scott schrieb nach einem Besuch 1814: „Nie sah ich einen Ort mit weniger Anzeichen irgendeiner Vegetation. Das Auge ruhte auf nichts anderem als auf braunem, nacktem Fels. Und die Klippen, auf denen wir am See entlanggingen, waren so kahl wie das Pflaster von Cheapside." Maler und Dichter reisten zum *Loch Coruisk* und machten den Gletschersee berühmt. Der See ist eingeschlossen von den Felsen der Cuillins. Zwei Möglichkeiten gibt es, dort hinzukommen. Entweder man wandert, ausgerüstet für eine Zweitageswanderung, von Sligachan aus, oder man wählt den bequemeren Weg über das Meer. Von dem winzigen Fischerdorf Elgol aus fährt ein kleines Fährboot zum Loch Coruisk – immer wenn genügend Passagiere zusammengekommen sind. Für einen Bootsausflug muß man einen halben Tag einplanen (die Fahrt nach Elgol nicht mitgerechnet), der sich auf jeden Fall lohnt. Das Massiv der Cuillins ist bekannt als ein Bergsteigerparadies in Großbritannien, das Klettertouren aller Schwierigkeitsgrade zu bieten hat.

Das Grab von Flora Macdonald

Isle of Skye – Die Insel der Feen

Wer sich auf Skye etwas mehr Zeit nehmen möchte, dem empfehle ich über Bernisdale nach Westen auf die Halbinsel Duirinish zu fahren. Die Route führt vorbei an *Dunvegan Castle and Gardens*, dem Stammsitz des Clans der MacLeods of MacLeod. Im Schloß zu besichtigen ist die Geschichte des Clans bis zurück zu den norwegischen Vorfahren. Oder man kann vom Landungssteg des Schlosses aus eine Tour mit dem Boot zur Seehundkolonie machen.

Um das Jahr 1500 wurde das *Piping Centre* in Borreraig gegründet, die berühmte Dudelsackschule der Mac-Crimmons. Heute ist in dem alten Schulhaus ein Museum untergebracht, in dem man sich über Dudelsäcke informieren kann.

Über eine einspurige Straße erreicht man schließlich den westlichsten Punkt der Insel und den auf einer spektakulären Klippe gebauten Leuchtturm von *Neist Point*.

AUSKUNFT
Portree
Skye and South West Ross Tourist Board, Meall House, Portree, Isle of Skye IV51 9BZ, Tel. 01478/612137
Wettertelefon: 01891/200840

ÜBERNACHTUNG
Sligachan
Kleiner Campingplatz, schön gelegen in der Flußbiegung. Kleine, aber saubere Sanitäranlagen. Der Caravan und Camping Platz gehört zum Sligachan Hotel (Sligachan besteht nur aus einem Hotel). Anmeldung erfolgt im Hotel auf der anderen Straßenseite.
Staffin
Staffin Caravan and Camp Site, am Ortseingang Abfahrt rechts, Tel. 0147/062213.
Flodigarry
Flodigarry Hotel – Flora Macdonalds Cottage, Tel. 0147/052203

PARKEN
Die Sehenswürdigkeiten haben Parkplätze zur Verfügung. Die Isle of Skye erfreut sich zunehmender Beliebtheit bei Naturfreunden und Wanderern, so daß die Parkplätze an den Ausgangspunkten der Wanderwege in der Hauptsaison oft früh belegt sind.
Elgol
Parken ist ein Problem in Elgol, weil der Ort in die steile Küste gebaut ist. Suchen Sie sich eine Parkmöglichkeit, bevor die Straße in den Hafen hinunter führt. Unten ist für große Wohnmobile oft nicht genug Platz zum Wenden.

HIGHLIGHTS
* Portree (Hauptstadt der Insel) mit Skye Heritage Centre (Öffnungszeiten: Jul.-Sep. 9.00–21.00 Uhr). Wenig Parkplätze in Portree. Das Heritage Centre hat einen großer Parkplatz.
* Old Man Of Storr
  Kleiner Parkplatz am Anfangspunkt der Besteigung, der aber in der Regel voll ist, so daß viele Autos an der Straße entlang parken.
* Quirang Needles
  Winziger Parkplatz oben am Aussichtspunkt.
* Skye Museum of Island Life
  (Öffnungszeiten: Apr.-Okt. 9.00–17.30 Uhr).
* Cuillin Hills und Loch Coruisk
  Bootsausflüge ab Elgol (Preise Hin- und Rückfahrt Erw. 6.50, Kinder unter 12 J. 2.50 Pfund): Bella Jane Boat Trips, Tel. 01471 / 866244.
* Neist Point

WEITERE AUSFLÜGE
* Kilt Rock
* Flora Macdonalds Grab in Kilmuir
* Dunvegan Castle
* Piping Centre in Borreraig (Öffnungszeiten: Ostern-Okt.).
* Dunvegan Castle and Gardens (Öffnungszeiten: Mo.-So. 10.00–17.30 Uhr).

**Isle of Skye –
Die Insel der Feen**

*Der Leuchtturm am
Neist Point*

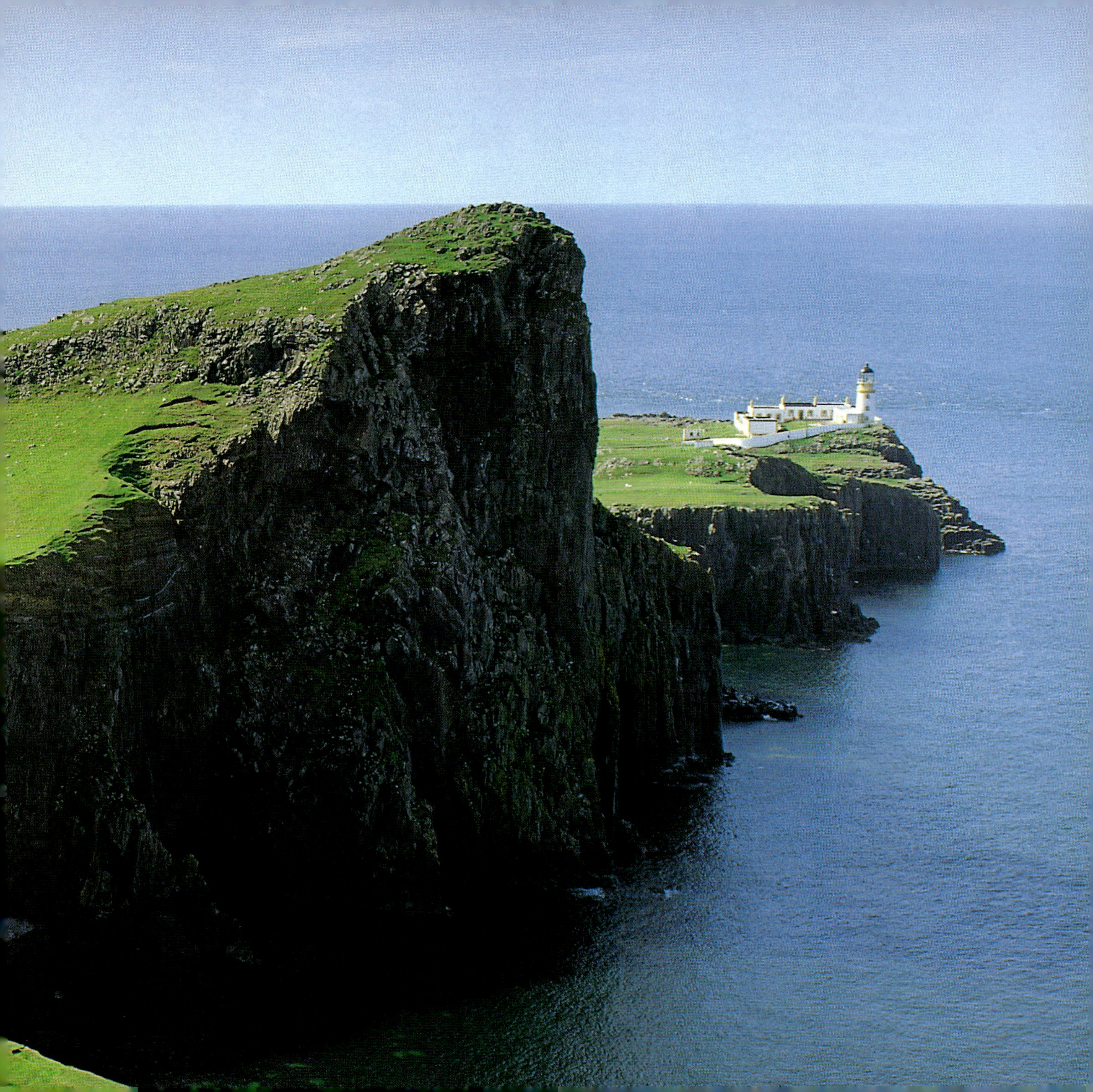

Die A87 wird auch als „road to the isles", als „Straße zu den Inseln" bezeichnet. Die Verbindungsstraße von Loch Alsh nach Invergarry führt entlang des Loch Duich und anschließend mitten durch das wilde Tal des Glen Shiel, dessen schroffes Bergpanorama durch nicht weniger als neun Munros geprägt wird.

Das Land der MacLeods, Macdonells und der Campbells

Bereits dreizehn Kilometer nach Kyle of Lochalsh machte ich Halt, um Schottlands wohl berümtestes Schloß, *Eilean Donan Castle*, zu besichtigen. Der Bekanntheitsgrad schlägt sich auch in der Höhe der Eintrittspreise nieder. Eigentlich ist es nur die meist fotografierteste Burg des Landes und auf unzähligen Reiseführern, Schottlandbroschüren und Büchern als Titelbild zu bewundern. Allein durch ihre beherrschende Position auf einer kleinen Insel, genau an dem schmalen Übergang von Loch Alsh zu Loch Duich, liegt es landschaftlich äußerst reizvoll. *Eilean* ist übrigens das gälische Wort für Insel. Mischwälder ziehen sich die Hügel hinunter bis an die Ufer und der Zugang erfolgt nur über eine Steinbrücke, die im Falle eines Angriffes gut verteidigt werden konnte. Zumindest war dies die Strategie, als das Bollwerk im 13. Jahrhundert gebaut wurde. Gegen die Kanonen in späterer Zeit war die Burg machtlos. Ein englisches Kriegsschiff nahm Donan Castle während der Jakobitenaufstände unter Feuer und zerstörte 1719 die Anlage fast vollständig. Der Wiederaufbau fand erst zwischen 1912 und 1932 statt. Die Burg ist heute eines der kleineren Castles in Schottland und beherbergt ein kleines Museum, während der größere Teil aus leeren Räumen besteht.

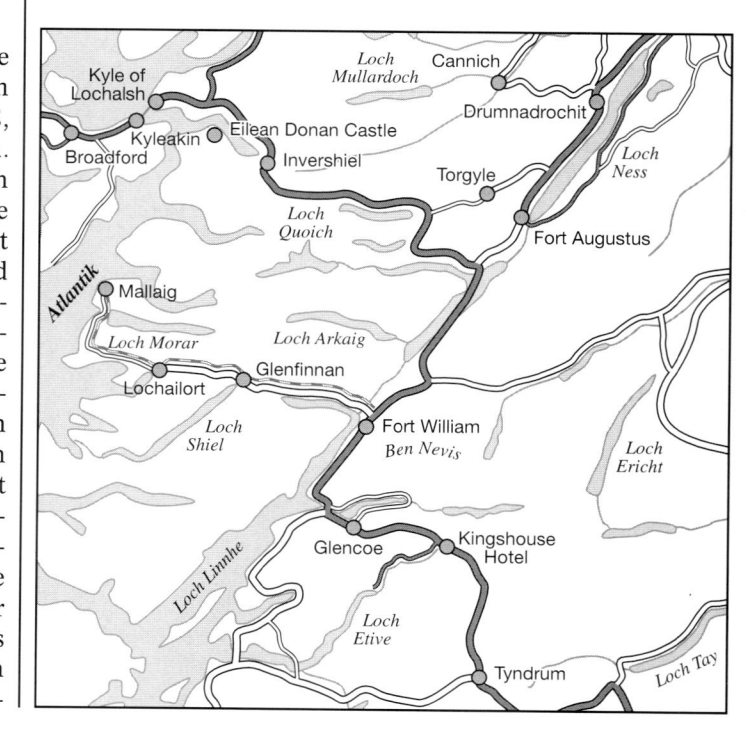

In Invergarry stieß ich wieder auf den Kaledonischen Kanal und die A82, die von Norden von Inverness nach Fort William führt. In Spean Bridge machte mich ein riesiges Werbeschild auf die „woolen mill", die Wollmühlen aufmerksam, die es in den Grampians häufiger gibt. Es sind Verkaufsausstellungen, einem Supermarkt ähnlich, die sich zur Aufgabe gemacht haben, alles typisch Schottische anzubieten. Von Wollmützen über Jackets, Schals und Pullover bis hin zu Wollsocken kann man alles kaufen. Selbstverständlich von A bis Z mit Tartanmustern ausgestattet. Die Qualität der angebotenen Produkte ist sehr gut. Hin und wieder ist ein kleines Museum angegliedert, das über Wolle, Schafe und die Kleidungsherstellung informiert.

Fort William und der Ben Nevis
Fort William bietet mit seiner Fußgängerzone eine schöne Kulisse zum Bummeln und Einkaufen. Die Stadt hat etwa 9.300 Einwohner und ist das betriebsame Zentrum des Districts *Lochaber*. Ebenso benutzen Bergsteiger den Ort gerne als Ausgangspunkt für ihre Touren. Dies wird auch in der für schottische Verhältnisse großen Fußgängerzone deutlich, hier reiht sich ein Geschäft für Bergsportausrüstungen an das andere. Das Ziel der mountaineers, der Bergsteiger, ist Großbritanniens höchster Berg, der *Ben Nevis*. Aus der Ferne betrachtet, kann ich allerdings auf Anhieb von dem vielbesungenen majestätischen Anblick nichts erkennen. Aufgrund der hügelähnlichen Form ist es schwer, eine genaue Vorstellung von der wirklichen Höhe des Berges zu bekommen. Der Eindruck täuscht. Die Nordost-Flanke des Ben Nevis ist unter Bergsteigern berüchtigt und nur für erfahrene Bergsteiger empfehlenswert. Der Aufstieg vom Parkplatz bei Aichintee House aus ist nicht sehr schwierig und nimmt etwa zweieinhalb Stunden in Anspruch. Dennoch hat der Berg seine Tücken. Der Scottish Mountaineering Club warnt, daß der Berg jedes Jahr seine Opfer fordert. Meistens liegt der Grund dafür in der allgemeinen Unterschätzung des alpinen Schwierigkeitsgrades und der damit verbunden mangelhaften Ausrüstung der Bergwanderer. Häufige Wetterstürze, Schnee- und Kälteeinbrüche sind ein weiterer nicht genügend berücksichtigter Faktor. Beim *Scottish Mountaineering Club* oder bei der Tourist Information in Fort William kann man sich dazu genau informieren.

Die britische Rekordsucht machte natürlich auch vor dem Ben Nevis nicht halt. Jährlich im September findet ein Wettrennen auf den Gipfel statt, dessen Bestzeit momentan mit 1 Stunde, 26 Minuten und 55 Sekunden angegeben wird.

Wer den Aufstieg nicht auf Schusters Rappen machen möchte, der kann sich mit der Nevis-Range-Seilbahn auf den Nebengipfel Aonach Mor fahren lassen. Die Talstation der Bahn liegt bei Torlundy. Allerdings gleicht die Bergstation auf dem Gipfel in der Hauptsaison doch eher der Betriebsamkeit des Glasgower Hauptbahnhofes und die richtige Gipfelromantik will nur schwerlich aufkommen. Dennoch ist der Blick bei guter Sicht atemberaubend. Man sieht an besonders klaren Tagen die gesamte Inselwelt der Hebriden und bis zur irischen Küste. Landeinwärts breitet sich die Bergwelt mit ihren kahlen, rundlich geformten Gipfeln vor einem aus. Bei meinem Besuch allerdings reichte der Weitblick gerade mal soweit, in der flachen Steinwüste die Seilbahnstation wiederzufinden. Ein älterer Engländer, der mit mir hochgefahren war, tröstete mich ein wenig mit seinem Enthusiasmus: „Ich komme seit sechs oder sieben Jahren hierher und die letzten fünf

Das Land der MacLeods, Macdonells und der Campbells

Jahre war es praktisch ähnlich wie heute. Aber vor sechs Jahren, das hätten Sie erleben müssen ...".

Nach der anstrengenden Seilbahnfahrt fuhr ich über Fort William auf den *Glen Nevis Caravan and Camping Park*. Der Platz ist dreieinhalb Kilometer außerhalb der City gelegen. Befestigte Einstellplätze unter hohen Bäumen und der Blick auf die Berge geben dem Caravan Park ein landschaftlich sehr reizvolles Ambiente.

The West Highland Line

Am 11. August 1894 berichteten die schottischen Zeitungen über einen Kohlestreik in Glasgow, über einen Einbruch in Verdis Villa in Genua und über ein Eisenbahnunglück der Union Pacific Railroad in Nebraska. Und dann noch eine winzige Notiz, daß der erste Zug nach Fort William zur Einweihungsfeier eine Stunde Verspätung hatte. Ein Journalist des „Scotsman" schrieb damals: „Selbst wenn jedes Schaf entlang der Linie ein Ticket kaufen würde, wäre dennoch die Eisenbahn, die durch Hochmoore, durch Ödland und durch bloße steinige Bergwelt führt, weit davon entfernt, ein rentables Projekt zu werden: Diese Eisenbahn wird sich nie lohnen". Klagen kamen von überall her. Die Landbesitzer beschwerten sich, daß das Land entlang der Eisenbahn weniger wert werden würde, die Farmer beschworen den Totalausfall der Milchproduktion bei ihren Kühen auf den Weiden entlang der Linie herauf, und der Staat beklagte die horrenden Kosten dieses vermeintlichen Pleiteprojekts. Man konnte es vor nun über 100 Jahren anscheinend niemandem Recht machen. Aber auch heute noch gibt es unzufriedene Stimmen über die viel-

Die West Highland Line am Glenfinnan Viadukt

Drei Tonnen Kohle für vier Stunden Fahrt: Ein Job aus Liebe zur Dampfeisenbahn

Historischer Bahnhof: Glenfinnan Station

Das Land der MacLeods, Macdonells und der Campbells

leicht schönste, aber auch anstrengendste Eisenbahnlinie Schottlands. John, der Lokomotivführer einer der heute noch fahrenden Dampflokomotiven erzählte mir von einem Amerikaner, der sich vor kurzem lauthals bei ihm beschwerte: „This is the worst line in Scotland", meinte er – „it's a joke, a Mickey Mouse thing, not a regular train service..." – Dies sei die übelste Bahnverbindung in Schottland, es sei ein Mickey-Maus-Gerät, ein schlechter Witz, aber keine richtige Zugverbindung...

Aber allen Unkenrufen zum Trotz überlebte die West Highland Line bis heute. Diese Eisenbahnlinie verbindet, aus dem Rannoch Moor kommend, Fort William mit Mallaig. In den Sommermonaten fährt die Bahn, von Dampflokomotiven gezogen, heute noch drei bis viermal wöchentlich Liniendienst. Hauptsächlich aber ist sie eine Attraktion für Tagesausflüge. Ein Zwischenhalt auf Glenfinnan Station, dem heute als Museum betriebenen historischen Bahnhof, rundet das Ganze ab. Nach einem Aufenthalt in Mallaig, den man gut nutzen kann für ein Mittagessen in der gegenüber dem Bahnhof gelegenen Kantine der Fischergewerkschaft, tritt der Zug seine Rückfahrt gegen 13.30 Uhr nach Fort William wieder an. Informationen sind im Bahnhof von Fort William erhältlich.

Ich selbst hatte die Gelegenheit, auf einer der Dampflokomotiven aus dem Jahre 1947 mitzufahren. Es war ein eindrückliches Erlebnis, bei dem mir klar wurde, welche Schwerstarbeit unsere Großväter im Transportgewerbe leisten mußten. Während der fünf Stunden Fahrt wurden vom Heizer drei

Country-Idylle am Loch Lomond

Das Land der MacLeods, Macdonells und der Campbells

Tonnen – sage und schreibe 3.000 Kilogramm – Kohle vom Tender in den Brenner geschaufelt. Die Lokomotive verbrauchte über diese Strecke etwa 14.000 Liter Wasser und Ruß und Qualm auf dem Führerstand waren eine Selbstverständlichkeit.

Wer den Ausflug mit der Bahn nicht machen möchte oder kann, dem empfehle ich diesen landschaftlich schönen Abstecher entlang des Loch Eil nach Glenfinnan mit dem Auto zu unternehmen. Das *Glenfinnan Monument* erinnert an den Ort, an dem Bonnie Prince Charlie die schottischen Clans zum Kampf gegen die Engländer vereinte. Das Visitor Center informiert ausführlich darüber.

Die Kargheit der schottischen Landschaften ist uns mittlerweile sehr geläufig geworden, zieht sie sich doch entlang unserer bisherigen Reiseroute durch die ganzen Highlands. Und schließlich ist diese Kahlheit auch eine Art Markenzeichen des Landes geworden, das uns als rauher und wilder Vertreter unberührter Natur fasziniert. Aber so unberührt ist die Landschaft in der Regel nicht. Schafe weiden verstreut fast überall, wohin man sieht, die Landschaft ist durch Steinmauern oder Weidezäune oft unmerklich parzelliert und die wenigen Wälder sind in der Regel als Nutzwald angelegt und bewirtschaftet. Hinter *Glencoe* jedoch beginnt eine Strecke, die über etwa fünfunddreißig Kilometer durch ein nahezu unbesiedeltes und damit unberührtes Gebiet führt. Hier müssen wir zwei Wörter auseinanderhalten: Glencoe ist das Dorf am Loch Linnhe, das gleichzeitig den Eingang zu dem Tal Glen Coe bildet. *Glen Coe*, das „enge Tal", karg, kahl, ist von einer Kette von Munros links und rechts eingeschlossen. Es ist eines der bekanntesten Täler in Schottland und dies, wie sollte es anders sein, aufgrund seiner blutigen Vergangenheit.

Nicht die Zahl der Opfer war es, die Glen Coe zu trauriger Berühmtheit verhalf, sondern die besondere Niedertracht, mit der jenes Massaker durchgeführt wurde. Die ortsansässigen Macdonalds gewährten im Jahre 1692 den im Schneesturm Quartier suchenden Campbells und den mitmarschierenden 120 englischen Soldaten ihre Gastfreundschaft. Zwei Wochen lang lebten sie unter einem Dach, spielten abends Karten und tranken Wein. Am 13. Februar, um fünf Uhr morgens, zerrten die Rotröcke auf Befehl von Captain Campbell Frauen, Kinder und Männer aus ihren Betten und erschossen sie. Die Hütten wurden angezündet und das Vieh vertrieben. Von den wenigen Entkommenen starb ein großer Teil im Schneesturm in den Bergen. Im Glen Coe Visitor Center informiert eine Audiovision über die Geschehnisse und man erfährt, daß auch hinter

Glen Coe Visitor Centre

dieser Tat natürlich die Engländer steckten.

Die Straße in Richtung Osten windet sich beständig bergauf, um hinter dem Paß kurz vor Altnafeadh in eine weite, nicht weniger karge Hochebene überzugehen. Ohne Probleme wäre diese Landschaft hier eine ideale Kulisse für jeden Western. Das lange gerade Stück der Straße endet in einer langgezogenen Rechtskurve und biegt in das *Rannoch Moor* und die Bergkette des *Black Mount* ein. Sumpf, Moor, Tümpel und das Braun des Torfs beherrschen das Land soweit das Auge reicht. Die ersten Landvermesser der West Highland Line verirrten sich hier in den Weiten des Rannoch Moors und waren drei Tage lang verschollen, bevor sie durchnäßt und völlig erschöpft wieder in der Zivilisation auftauchten. Nachdem ich das Ungeheuer von Loch Ness nicht zu Gesicht bekam, begegneten Sie mir hier im Rannoch Moor während einer Reise im Spätsommer – die echten schottischen Monster. Und nicht nur eines, sondern Milliarden davon. Dramatisch wurde es immer dann, wenn ich fotografieren wollte. Im vollständig geschlossenen Auto packte ich alles griffbereit zusammen und die Kamera mit dem richtigen Objektiv schraubte ich bereits auf das Stativ. Nachdem ich alles grob eingestellt hatte, stürzte ich, den Hut tief ins Gesicht gestülpt und ein Tuch wie ein Bankräuber über Mund und Nase gezogen, den bereits bekannten Weg hinein ins Moor. Es folgte das kurze Stativaufstellen, ein minimales Anvisieren des Motivs und das mehrmalige Auslösen. Ohne zu zögern packte ich alles, wie es greifbar war und rannte noch schneller zurück zum Fahrzeug.

Doch es half alles nichts. Als ich mich – zurück im schützenden Auto – im Spiegel betrachtete, sah ich aus wie Winnetou. An den Stellen, die ich nicht mit Hut oder Tuch bedecken konnte, wurde mein Gesicht von einem breiten roten Streifen geziert. Ich zählte einhundertundzwanzig Stiche, Hals und Nacken noch gar nicht mitgezählt. *Midges*, kleine Stechmücken sind es, die zu Milliarden das Moor bevölkern. Anzahl und Häufigkeit ihres Auftretens hängen sehr stark von Trokkenheit oder Feuchtigkeit des Frühjahrs ab. Je feuchter desto mehr.

Der einzige Trost ist, daß die kleinen Tiefflieger sich im Wind nicht halten können, sie werden davongeblasen. Doch an windstillen Tagen gibt es praktisch kein Entrinnen. Sobald man stehen bleibt oder beim Hineintreten in das Heidekraut stauben sie wolkenweise aus dem Gestrüpp. Ein kleiner Tip: die beste Reisezeit ist der Frühsommer bis einschließlich Juni, denn das gibt es noch keine Midges.

Hinter dem Rannoch Moor geht die Landschaft wieder langsam über in bewirtschaftetes Farmland. Die A82 führt über Bridge of Orchy, Tyndrum nach Crianlarich. Kurz nach *Bridge of Orchy* ist links der Straße ein anschauliches Beispiel für das Problem der Bodenerosion zu sehen. Den ganzen Bergrücken des Beinn Dórain herunter führen breite Furchen senkrecht ins Tal. Das ablaufende Regenwasser führt zu immer stärkeren Ausschwemmungen, die durch das abgetragene Material auch Veränderungen der Flußlandschaft nach sich ziehen. Aufforstungsmaßnahmen werden daher stark gefördert. Die Ränder der Nadelwälder hier verlaufen wie mit dem Lineal gezogen.

Das Land der MacLeods, Macdonells und der Campbells

Das Land der MacLeods, Macdonells und der Campbells

Nichts als Sumpf, Torf und Steine soweit das Auge reicht: Rannoch Moor

AUSKUNFT
Fort William and Lochaber Tourist Board
Cameron Square, Fort William, Inverness-shire
PH33 6AJ, Tel. 01397/703781
Glen Coe
Glen Coe Visitor Centre, 5,5 km nach Glencoe Village an der A82 Richtung Crianlarich (Öffnungszeiten: 10.00–17.00 Uhr, Eintritt 0,50 Pfund).
Wettertelefon: 01891/200843

ÜBERNACHTUNG
Fort William
Glen Nevis Caravan and Camping Park, Glen Nevis, Fort William, Inverness-shire PH33 6SX, Tel. 01397/702191. Sehr gepflegter, teilweise schattiger Platz mit großzügig angelegten und befestigten Einstellplätzen.
Am Loch Linnhe
10 km südlich von Fort William am Loch Linnhe (an der A82) ist ein großzügiger Rast- und Picknickplatz angelegt, auf dem man auch durchaus den Camper über Nacht abstellen kann.
Glencoe
Glencoe Caravansite, Glencoe, Argyll PA39 4HP, Tel. 01855/2210.

HIGHLIGHTS
* Eilean Donan Castle (Öffnungszeiten: Ostern-Sep. tägl. 10.00–18.00 Uhr). Großer Parkplatz am Schloß.
* Nevis Range. Seilbahn Nevis Range 10.00–17.00 Uhr, Fahrpreise Erw. 5.00/Kinder 3.50 Pfund, Familienrabatt). Parkplatz an der Seilbahnstation.
* Fort William, Stadt zum Bummeln, Einkaufen und Pub-Besuch. Großer Parkplatz am Westend der City-Fußgängerzone direkt am Loch Linnhe (gebührenfrei).
* The West Highland Line. Tagestrip Fort William-Mallaig und zurück. Parkplatz am Bahnhof (gebührenpflichtig). Tip: Parken Sie auf dem großen Westend-Parkplatz und gehen Sie zu Fuß zum Bahnhof (Bummel durch die Fußgängerzone).
* Glenfinnan Station Museum (Standard-Öffnungszeiten, Mai-Sep. tägl.). Parkplatz vorhanden.
* Glencoe. Mehrere Parkplätze und Aussichtspunkte entlang der A82 im Glen Coe.
* Moor of Rannoch

WEITERE AUSFLÜGE
* Glenfinnan Monument und Museum (Öffnungszeiten: Mai-Sep. tägl. 9.00–18.00 Uhr)
* Ben Nevis (Bergwanderung)
* Glen Etive

Ich kam langsam heraus aus dem landschaftlich wilden Teil Schottlands. Die Täler wurden breiter, die Berge flacher und gingen zunehmend über in größere Hügel. Wälder dominierten jetzt das Landschaftsbild. Die Grenze zwischen Highlands und Lowlands, die sogenannte Highland-Line, spielt verwaltungstechnisch heute keine Rolle

Helden, starke Männer und romantische Landschaften

mehr. Sie verläuft hier entlang der südlichen Ausläufer der Grampian Mountains von Greenock am Clyde bis Stonehaven.

Highland Games ist die magische Bezeichnung für eine in unseren Augen etwas absonderliche sportliche Betätigung, die nirgends anders als in Schottland bis heute gepflegt wird. Wie bei Wettbewerben in unseren Landen so gilt auch hier das Höchste, das Weiteste und das Schnellste als das anzustrebende Ziel, das den Sieger ausmacht. In Blair Atholl wohnte ich den örtlichen Hochlandspielen bei. Auf einem Wiesengelände war das kreisrunde Wettkampffeld abgesteckt. An vier Stellen außerhalb des Turnierplatzes standen Dudelsackpfeifer, die für die Grundstimmung verantwortlich waren. Unabhängig voneinander bliesen sie unterschiedliche Stücke auf ihren pipes. Durch die dem Dudelsack eigene Lautstärke kam ich also in den Genuß vier Lieder gleichzeitig hören zu dürfen – und das während der gesamten Veranstaltung. Von dem als Auftakt stattfindenden Dudelsack-Wettblasen innerhalb des Geländes ließen sich die Vier nicht besonders beeindrucken und fuhren mit unverminderter Inbrunst fort. Ich bewunderte die Jury, die ihre Wertungen abgeben mußten. Danach folgte der Tanzwettbewerb unter dem Nachwuchs.

Und dann war es endlich soweit: Die Einzelkämpfer marschierten ein in die Arena. Römischen Gladiatoren gleich, muskelbepackt mit ledernen Armbändern, aber tartanberockt zogen sie unter der Führung der akustisch alles an-

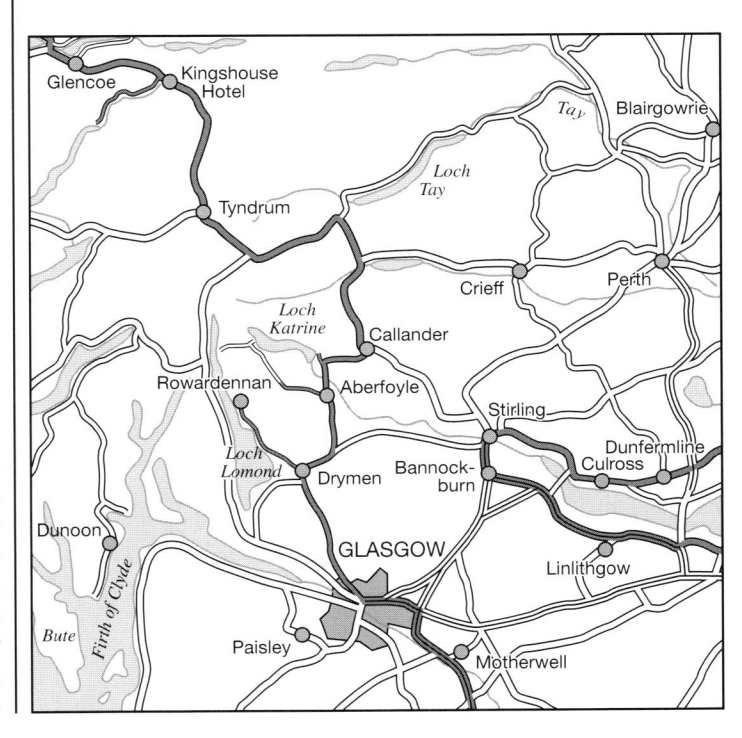

111

Spiel ohne Grenzen: Wettkampfgeräte der Highlandgames

dere übertönenden 20-Mann-Band der Highlandpipers ein. Unwillkürlich kamen mir die Assoziation zur Elefantenparade aus Walt Disneys Dschungelbuch. Eine Ehrenrunde wurde gedreht, um sich dem Publikum vorzustellen, dann folgten ein kurzes Posieren für die Fotografen und die Vorstellung der Wettkämpfer über die Lautsprecher der Arena. Ihre Namen machten ihnen alle Ehre: Highland Joe, Wrestling Kid, Rumbling Willie und so weiter. Nur die Sportschuhe einer bekannten Firma aus USA wollten so gar nicht zum restlichen Outfit passen. Und dann mitten unter diesen Hochland-Bären: eine Frau. Sie kämpft seit Jahren, wie sie sagte, nicht nur mit um die Titel, sondern gleichzeitig für die Gleichberechtigung des weiblichen Geschlechts in dieser Berufssparte. Man konnte also gespannt sein. Es folgte ein regelrechtes Spiel ohne Grenzen, wenigstens für den Highland-Game-Laien, der die Spielregeln nicht auf Anhieb so genau erkennen kann. Aber sie sind auch nicht wichtig. Alle Arten des Weitwurfs wurden ausgeführt: Man schleuderte Felsbrocken und gußeiserne Klötze, die an mittelalterliche Kanonenkugeln erinnerten. Das Hammerwerfen machte seinem Namen alle Ehre, denn was da durch die Lüfte wirbelte, waren echte Vorschlaghämmer und zuguterletzt nicht zu vergessen die Baumstämme. Sie allerdings verfolgten nicht immer die vorgesehene Flugbahn, sondern kippten auch hin und wieder in die Richtung des Werfers oder der Fotografen zurück. Da half nur Laufen... Respekt vor der Auswahl der Wurfgegenstände gibt es anscheinend nicht, alles was in irgendeiner Form fliegt, ist recht. Angeblich wurde mancherorts schon Haggis-Weitwurf praktiziert. Haggis sind jene in Schottland so berühmten kuhmagengroßen Würste, die bezüglich ihres Geschmacks unter Reisenden zu ausgedehnten geschmacklichen Diskussionen führen können. Mit Kriegsgeschrei vollführten ganze Clans Seilziehen gegeneinander und man schob Fischerboote unter dem Druck der Stoppuhr über den Rasen. Die letzte Wildheit der Highlander schien sich hier auf dem Rasen zu entladen. Der kriegerische Ursprung der Spiele geht angeblich zurück auf

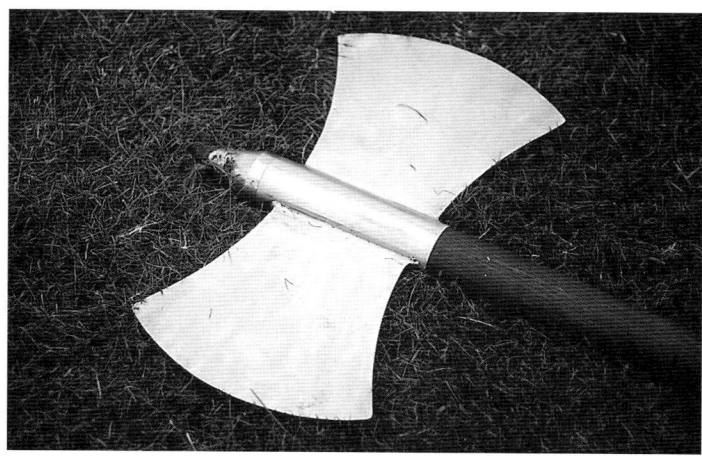

König Malcolm III., der im 11. Jahrhundert seine Clans versammelte, um die stärksten Krieger und die schnellsten Botenläufer zu ermitteln. Wie dem auch sei, es lohnt sich allemal, einem der vielen Highland Games beizuwohnen, die während des Sommers überall in den Grampians abgehalten werden. Daß ein gewisser Teil touristischen Kalküls diesen Veranstaltungen anhängt, das konnte ich in Anbetracht der außerordentlichen Darbietungen leicht vergessen.

Apropos Haggis. „Fair fa' yer honest, sonsie face, Great Chieftan o' the puddin-race – Dein feines Gesicht sei von Glück erhellt, Du Häuptling in der Würste-Welt!" So beschrieb Robert Burns das damalige Nationalgericht des Landes, das angeblich zum Höhepunkt eines jeden Festes gehörte. Der Vorstellung, um welche Köstlichkeit es sich dabei handeln könnte, ist ein Kochbuchrezept aus dem 18. Jahrhundert etwas zuträglicher: Nach dem gründlichen Reinigen des Magens eines Schafes werden die Eingeweide erhitzt und die Leber gekocht, bis sie körnig wird. Danach werden der Reihe nach getrocknetes Hafermehl, zerhackte Stücke der Eingeweide, kleingehackte Zwiebeln und reichlich Nierenfett hinzugegeben. Nach dem abermaligen Unterrühren von getrocknetem Hafermehl und Zufügen von kleingehacktem Rindfleisch folgt das Abschmecken unter Hinzufügen verschiedener Gewürze und Salz. Aus dem Kochwasser der Eingeweide stellt man nun eine kräftige Brühe her, die anschließend zusammen mit allem Haggisfleisch in den Schafsmagen gefüllt wird. Nach Auspressen aller Luft wird der Sack vernäht und etwa zwei Stunden lang gekocht: Chieftan o' the puddin-race! Nicht fragen – einfach essen.

Helden, starke Männer und romantische Landschaften

Die „Atholl Highlanders", einzige Privatarmee auf britischem Boden

Helden, starke Männer und romantische Landschaften

Die kleine Stadt *Callander* ist durch das in der ehemaligen Kirche untergebrachte *Rob Roy and Trossachs Visitor Center* bekannt. Es beinhaltet eine perfekt gemachte Audiovision über das Leben Rob Roys. Die Gestalt von Robert MacGregor (Rob Roy) ist sehr eng mit den hügeligen *Trossachs* verbunden. Dieses bewaldete Gebiet erstreckt sich zwischen Callander, Aberfoyle und entlang des Loch Katrin.

Machen wir einen zeitlichen Sprung in das frühe 18. Jahrhundert. Der übliche Lebensunterhalt der Kleinbauern war die Viehzucht. Das Vieh mußte für den Verkauf auf ein paar wenige große Viehmärkte getrieben werden, Callander war einer davon. Bedingt durch die weitverbreitete Armut und zusätzlich durch die Rivalität der verschiedenen Clans untereinander war es an der Tagesordnung, daß Vieh gestohlen wurde. So begannen die Clan-Chiefs damit, Schutzgelder an Aufpasser zu bezahlen, um ihre Herden auf den Transporten zu schützen. Diese Aufpasser wurden ebenfalls dafür bezahlt, gestohlenes Vieh wieder zurückzuholen. Diese Bräuche waren nicht ganz legal. In dieser Zeit verlor der Viehhändler Robert MacGregor, nachdem er sich verschuldet hatte, durch Pfändung seinen Hof an den Duke of Montrose und mußte fliehen. Im Alter von 19 Jahren rutsche Rob Roy hinein in dieses „Schutzgeldgewerbe" und wurde der bekannteste Viehdieb der Gegend, da er anfing auch auf eigene Rechnung zu arbeiten. Er bewegte sich auf schwammigem Boden, denn offiziell wurde Viehdiebstahl mit dem Strick geahndet. Als diese Praktiken sehr stark ausuferten entsandte die Regierung Soldaten, um dem Treiben ein Ende zusetzen. Allerdings hatte sie nicht bedacht, daß die Soldaten durch ihren äußerst schlechten Sold leicht zu bestechen waren, und so verschwanden unterwegs weiterhin die Rinder auf seltsame Weise. Schließlich waren ja auch die Landbesitzer selbst involviert in die Diebstähle, so daß man seitens der Obrigkeit auf die letztendliche Klärung der Vorfälle immer verzichtete. Historisch gesehen war Rob Roy nur einer von unzähligen Outlaws dieser Gegend in seiner Zeit. Warum aber wurde nun gerade er so berühmt, daß sein Name bis heute in geradezu ma-

Einmal im Jahr: Highland Gathering in Blair Atholl

Highland Games in Blair

Auch die Kunst im Wettbewerb: Highland Dancing

gischer Manier überlebte, daß 1994 noch ein Spielfilm über ihn gedreht wurde, der weltweit in die Kinos kam? In den Jahren 1706 bis 1707 reiste ein Mann durch Schottland, der als Händler, Journalist und Verleger sein Geld verdiente. Er war bekannt als eine schillernde Figur mit zweifelhaftem Charakter: Ein Mann, dem man nachsagte, daß er jedem Herren diene, wenn nur die Börse stimmte. Und die Börse stimmte sicher, als er nun in Schottland als Geheimagent für die englische Regierung gegen die jakobitische Revolution unterwegs war. Aber der Schriftsteller in ihm war auch fasziniert von außergewöhnlichen Geschichten und Menschen. Hier in den Trossachs wurde *Daniel Defoe* vertraut mit den Aktivitäten Rob Roys. Er schrieb und veröffentlichte den Roman „The Highland Roke", der Rob Roy bereits zu seinen Lebzeiten zu einer Legende machte. Hundert Jahre später nahm auch Sir Walter Scott das Thema auf und veröffentlichte eine Rob-Roy-Biographie. In Scotts Sammlung kann man ja heute noch die Geldbörse von

**Helden,
starke Männer
und romantische
Landschaften**

*Rob Roy Visitor
Centre in der Kirche
von Callander*

Rob Roy besichtigen. Scott stilisierte den Helden letztendlich zum „Robin Hood der Trossachs" hoch und traf damit genau den Zeitgeschmack, der in Europa wesentlich von der Romantik geprägt war. Seine Beschreibungen von landschaftlicher Idylle, von Leidenschaft, Liebe und von Kampf um Gerechtigkeit lösten einen wahren Ansturm auf die Trossachs aus. Und nicht zuletzt symbolisierte der Name Rob Roy ja auch den immerwährenden Kampf gegen die Unterdrückung. Entgegen aller Erwartungen, und hier stimmen Dichtung und Realität überein, starb Robert MacGregor im Alter von 63 Jahren nicht durch den Hieb eines Schwertes, sondern friedlich im Bett. Begraben liegt der schottische Held zwanzig Kilometer nördlich von Callander auf dem Friedhof von Balquhidder.

Vor der Romantik-Bewegung galten die von der Zivilisation unberührten Landschaften als unkultiviert, disharmonisch und zu guter Letzt als bevölkert von Wilden. Das änderte sich schlagartig mit dem Auftauchen der Schriftsteller, die ihre Helden und Ritter in dieser Landschaft um die Burgfräuleins fechten ließen. Mit den Dichtern kamen Maler und später dann die Fotografen. Die Trossachs avancierten zu einem der populärsten Reiseziele Schottlands, das zudem von Glasgow oder Edinburgh aus bequem zu erreichen war. Dieser Boom hielt bis heute an. Die Gegend ist vor allem auch ein beliebtes Naherholungsgebiet für die Menschen aus Glasgow. Die Besitzerin eines Campingplatzes hier antwortete mir auf die Frage, ob denn Vorausbuchungen für Wohnmobile notwendig seien: „Im Sommer auf jeden Fall, es sei denn Sie haben Glück und es ist schlechtes Wetter, dann kommt keiner hier heraus."

Wälder, Seen und Berge zogen an mir vorüber, als ich mein breites Wohnmobil die schmalen und idyllischen Sträßchen am Loch Venachar und Loch Achray entlang lenkte. Ginsterhecken und Weideland wechselten sich ab und ich bedauerte, daß es sehr wenige Möglichkeiten zum Anhalten gab. Einige Wanderparkplätze sind dennoch immer wieder vorhanden.
Am Ende des Loch Achray führte ein neugebautes Sträßchen nach rechts bergauf zum *Loch Katrin*. Es ist eine Sackgasse, die an einem gebührenpflichtigen Parkplatz endet. Andere Parkmöglichkeiten am Loch Katrin gibt es nicht. Der See gehört heute zur Wasserversorgung von Glasgow und liegt mitten in den Trossachs, eingebet-

tet in die reizvolle Landschaft. Eine breite asphaltierte Straße führt am See entlang, sie ist jedoch für jeden Verkehr gesperrt. So finden im Sommer die unzähligen Besucher hier eine gut ausgebaute Runway für Spaziergänge. Allerdings bestand die Literatur, die die meisten mit sich trugen, aus Reiseführern. Sir Walter Scott scheint heute niemand mehr zu lesen, man wählt die viel weniger anstrengende Fahrt auf dem gleichnamigen Raddampfer, der für Touristen im Sommer auf Loch Katrin verkehrt. Man begegnet dem Poeten nur noch am Souvenirstand beim Kiosk und der Raddampfer „Sir Walter Scott" lädt ein zu Rundfahrten auf dem See in historischer Atmosphäre.

Zwischen Loch Achray und Aberfoyle liegt das Visitor Center des *Queen Elisabeth Forest Parks*. Um einen Teich herum gibt es ein großzügig angelegtes Freizeitgelände mit Picknickbänken und Parkplätze, die für den sommerlichen Ansturm ausgelegt sind.

Aberfoyle ist der Inbegriff eines touristischen Zentrums. Souvenirshops, Cafés und Ansichtskartenständer säumen die Hauptstraße und das Scottish Wool Center mit seiner Verkaufsausstellung erinnerte mich an einen großen Supermarkt. Ich stieg gar nicht erst aus und benutzte die B829, die am nördlichen Ufer des Loch Ard entlang führt, für einen kleinen Ausflug in die Gegend. Hier am See entlang entstand eine Art Landhausidylle mit herausgeputzten Häuschen, kleinen Hotels mit englische Rasenflächen und eigenen Bootshäusern. Diese saubere Beschaulichkeit und heile Welt läßt aber leider einen Zugang zum See für den normalen Reisenden nicht zu.

Zugang zum Wasser fand ich dann doch noch am *Loch Lomond*. Der See ist der größte Binnensee Großbritanniens und als Wiederaufforstungsgebiet wurde hier seit 1928 sehr viel für den Erhalt der Wälder getan. Ich fuhr über Drymen nach Balmaha. Nach dem kleinen Bootshafen in Balmaha führt die A837 zunächst über ein kurzes Stück mit 15% Steigung weiter durch Mischwald teilweise am Ufer entlang. Zwei Kilometer hinter dem Ort befindet sich links ein Parkplatz in einer Baumgruppe und dahinter ein weitläufiger Kies- und Sandstrand. Das große Gelände ist viel genutzt als Badestrand und für Wassersport.

Die A837 schlängelt sich an vielen Stellen bergauf und bergab durch das hügelige Gelände und die Straße läßt oft nur vierzig Stundenkilometer zu. Der Conic Hill rechterhand gilt als der geologische Anfangspunkt der Highlands. Die Straße endet als Sackgasse auf einem großen Waldparkplatz bei Rowardennan. Der Parkplatz ist ein Picknick- und Freizeitgelände direkt am See und dient gleichzeitig als Ausgangspunkt für den 157 Kilometer langen West Highland Way, den Wanderweg von *Rowardennan* über Crianlarich, Tyndrum, Kinlochleven nach Fort William. Wer nicht ganz so weit gehen möchte, der kann dem Fußweg entlang des Loch Lomond ein Stück weit folgen, er führt hinunter bis Balmaha.

Einen weiten Ausblick auf den See kann man vom Gipfel des Ben Lomond aus genießen. Der 974 Meter hohe Berg kann in einer etwa zweieinhalbstündigen Wanderung erklommen werden. Der Weg geht direkt vom Parkplatz ab und ist gut beschildert. Auch hier gilt, gutes Schuhwerk nicht vergessen.

Helden, starke Männer und romantische Landschaften

Helden, starke Männer und romantische Landschaften

Loch Achray in den Trossachs

AUSKUNFT
Queen Elisabeth Forest Park Visitor Centre
(Öffnungszeiten: Ostern-Okt., tägl. 10.00–18.00 Uhr, Eintritt frei), Tel. 08772/258.
Schön angelegter Parkplatz mit Picknickmöglichkeiten an einem Teich.
Wettertelefon: 01891/200841

ÜBERNACHTUNG
Callander
Callander Holiday Park, Invertrossachs Road, Callander, Perthshire, FK17 8HW, Tel. 01877/30265.
Im Zentrum die A81 Richtung Glasgow, nach der Brücke rechts, 1,5 km außerhalb des Ortes.
Sehr gepflegte, teilweise schattige Anlage (Wohnmobil 9,50 Pfund).
Loch Lomond
Cashel Camp Site. Schattiges Gelände am See mit befestigten Einstellplätzen.
Es gibt verschiedene Caravan Parks entlang des Sees. Das ganze Gebiet ist im Sommer allerdings ziemlich überlaufen und macht Vorausbuchung notwendig.

PARKEN
Kleine Parkplätze sind an den Anfangspunkten der Wanderwege vorhanden. Ganz allgemein gibt es an den idyllischen, aber engen Straßen fast keine Parkmöglichkeiten.
Die Trossachs, der Queen Elisabeth Forest Park und Loch Lomond sind sehr beliebte Naherholungsgebiete für die Glasgower. An Wochenenden (bei schönem Wetter) und in der Hauptsaison tanzt hier der Bär.

HIGHLIGHTS
* Rob Roy and Trossach Visitor Centre (Öffnungszeiten: Jul.-Aug., tägl. 9.00–22.00 Uhr). Parken in der Stadt möglich.
* The Trossachs. Loch Katrin, Historischer Raddampfer („Sir Walter Scott"). Parkplatz am Anlegeplatz des Schiffes, Parkgebühr 0,50 Pfund). Keine anderen Parkmöglichkeiten.
* Queen Elisabeth Forest Park. Loch Lomond, Wassersport, Wandern.

WEITERE AUSFLÜGE
* Balquhidder, Rob Roys Grab
* Loch Ard

Glasgow – Stadt der Gegensätze

Zurück über Drymen folgte ich der A809 in Richtung Glasgow. In Bearsden bog ich erst den zweiten großen Abzweig ab nach Springburn und Glasgow. In Glasgow mündet diese Straße direkt in die Stadtautobahn, den Motorway M8. Die M8 führte mich nach Osten bis zur Ausfahrt Nummer 8. Hier wechselte ich auf die M73 nach Süden, um gleich am nächsten Autobahnkreuz wieder zu wechseln in die M74. Die Ausfahrt Nummer 5 (Bothwell, Bellshill) führt in ein Roundabout. In diesem Kreisverkehr gibt es eine kleine, leicht zu übersehende Abfahrt mit einem ebenfalls kleinen Wegweiser zum *Strathclyde Park*. In dieser riesigen Parkanlage im Vorort Motherwell befindet sich der einzige Caravan Park in erträglicher Nähe zur Stadt. Er liegt genau am Kreuz zwischen den Motorways A725 und M74. Durch diese Lage herrscht leider auch die ganze Nacht hindurch ein großer Lärmpegel. Ein wichtiger Tip an dieser Stelle: bleiben Sie auf der beschriebenen Strecke. Meine Versuche, Abkürzungen zu fahren endeten fast immer im völlig entnervten Herumkurven in den Vorstädten.

Die Verkehrsanbindung in die City von Glasgow funktioniert sehr gut, allerdings muß man bis zum Bahnhof von Bellshill einen etwa zwanzigminütigen Fußmarsch vom Campingplatz aus einrechnen. Für 2,30 Pfund kommt man mit der Bahn nach Glasgow Central und zurück. Bei der Rückfahrt muß man etwas genauer auf die Fahrpläne schauen, denn nicht alle Züge auf dieser Strecke halten in Bellshill, sondern erst wieder in Motherwell. Ein Taxi von Motherwell zum Campingplatz kostet etwa 3,40 Pfund, die ich angesichts meiner müden Beine gern bezahlte.

Mit dem Wohnmobil in die Stadt hineinzufahren, ist aus mehreren Gründen nicht empfehlenswert. Parkplätze sind äußerst rar und teuer und die Parkuhren werden streng kontrolliert. Die Verkehrsführung besteht aus vielen Einbahnstraßen, die eine Orientierung erschweren und letztendlich ist die Gefahr, daß das Fahrzeug aufgebrochen wird, gerade in den Randbezirken der City, wo man Parkplätze finden könnte, nicht unerheblich.

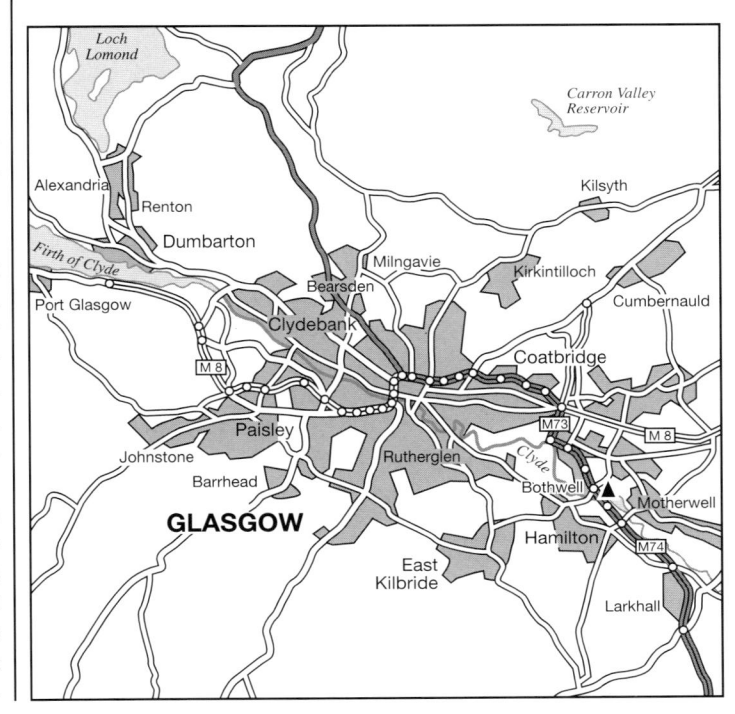

Glasgow – Stadt der Gegensätze

Allgemeines

Der Geburtsort Glasgows ist der Hügel, auf dem sich heute die St. Mungos Cathedral über die Stadt erhebt. Im Jahre 543 entstand hier eine kleine Kapelle beim Grab des Heiligen Ninian. Im 12. Jahrhundert begann man mit der Errichtung einer Kathedrale auf der Grabstelle. *Saint Mungo Cathedral* war das Zentrum der darum herum entstandenen mittelalterlichen Siedlung. Das Zentrum der Stadt wurde nach der Reformation zum Glasgow Cross am südöstlichen Ende der heutigen City verlegt.

Anfang des 18. Jahrhunderts erlebte Glasgow durch den Zucker- und Rumhandel mit den Westindischen Inseln und den Tabakhandel mit den amerikanischen Kolonien einen blühenden wirtschaftlichen Aufstieg. Die im dreißig Kilometer entfernten Greenock am River Clyde gebauten Schiffe waren auf der Nordamerikaroute etwa zwei Wochen schneller als ihre Konkurrenz. Die Tobacco Lords kamen aber zu ihrem sagenhaften Reichtum nicht ausschließlich durch den Tabakhandel, vielmehr etablierten sie sich durch ihre guten Geschäftsbeziehungen in die amerikanischen Südstaaten als die größten Sklavenhändler auf der Insel. Der amerikanische Unabhängigkeitskrieg 1776 beendete den Tabakboom abrupt. Ihrer Plantagen und Sklavenmärkte beraubt, verschwanden die Tabak-Barone in der Bedeutungslosigkeit.

Ein berühmter Name in der Volkswirtschaftslehre ist *Adam Smith*. In der Zeit des Tabakbooms kam er als Professor der Moralphilosophie an die Universität Glasgow und nutzte die Gelegenheit, zwölf Jahre lang bedeutenden Unternehmern über die Schulter zu schauen. In „The Wealth of the Nations" veröffentlichte er 1776 seine Beobachtungen und Erkenntnisse und avancierte damit zum „Vater des wirtschaftlichen Liberalismus". Seinen Namen lernt heute jeder Student der Betriebs- oder Volkswirtschaftslehre im ersten Semester kennen. Etwas, das er ebenfalls sehr genau beschrieb, wird heute allerdings von den Vertretern der uneingeschränkten Freihandelspolitik allzuleicht übersehen: Die Verteilung des Kapitals in der Gesellschaft und die damit zusammenhängende Spaltung in Reich und Arm sowie die menschliche Natur mit ihren Schwächen, vor allem bezogen auf seine Studienobjekte, die Tobacco Lords und Sklavenhändler.

Glasgow sollte kurze Zeit später zum Inbegriff dieser Spaltung werden. Nach dem Niedergang des Tabakgeschäftes hatten Textilfabriken in der Stadt die entstandenen Lücken gefüllt, was durch die Verwendung von mechanischen Webstühlen bereits zu großem Anstieg des Arbeitskräftebedarfs führte. Dazu kam, daß im Jahre 1769 ein Ingenieur in Glasgow ein Patent angemeldet hatte, das innerhalb kürzester Zeit nicht nur Glasgow, sondern die ganze Welt verändern sollte. *James Watt* hatte seinen Geistesblitz, der zur Entwicklung der Dampfmaschine führte, angeblich hier in Glasgow, als er sonntags im Park des Glasgow Green spazierenging. Die industrielle Revolution, die von Großbritannien aus die Welt überschwemmte, war geboren. Nachdem der Clyde schiffbar gemacht wurde, konnten Werften in Glasgow entstehen. Sie benötigten jetzt kein Holz mehr, sondern Stahl, das mit Hilfe einer weiteren Glasgower Erfindung rationell hergestellt werden konnte, dem Hochofen. Das erste seetüchtige Dampfschiff der Welt wurde 1812 in Glasgow fertiggestellt. Zu der Zeit wurden etwa 80 Prozent der in Großbritannien vom Stapel gelaufenen Schiffe am Clyde gebaut. Mit den Schiffen baute man Lokomotiven und Dampfpflüge und die Stadt schwang sich empor zu einem der größten Industriezentren ihrer Zeit. Die Fabriken zogen die Menschen an wie ein Magnet. Die Vertriebenen der Highland Clearances strömten ebenso nach Glasgow, um ihr Glück zu versuchen, wie irische Auswanderer oder verarmte Bauern aus dem Süden. Um 1800 herum lebten in Glasgow 77.000 Menschen. Im Jahre 1900 war die Stadt auf 760.000 Einwohner angewachsen. Die Aufnahmegrenzen waren sehr schnell nicht nur erreicht, sondern um ein Vielfaches überschritten. Das East End entstand, die Gorbals, jene Armuts- und Elendsviertel, die von dem Glasgower Fotografen Thomas Annan für die Nachwelt festgehalten wurden. Er hielt Hinterhöfe, Kinder in Lumpen gekleidet und halbverfallene Wohnhäuser in Bildern fest, wie man sie heute von den Slums indischer Großstädte her kennt.

Anfang des 20. Jahrhunderts verlor Glasgow den Anschluß an die Weltwirtschaft. Dampflokomotiven wurden immer weniger bestellt und für die modernen Supertanker und Großraumfrachtschiffe ist der Clyde zu klein geworden. Japan ist heute das, was Glasgow früher war. Von den großen Werften haben bis heute nur zwei überlebt.

Heute hat Glasgow etwa 750.000 Einwohner und konnte seinen Ruf als bloße Industriemetropole abschütteln. Mit der Auszeichnung zur „Europäischen Kulturhauptstadt" im Jahre 1990 gelang Glasgow ein entscheidender Sprung nach vorne in dem immerwährenden Wettlauf mit dem konkurrierenden kleineren Nachbarn. „Edinburgh sei die Kapitale", heißt es in einem Sprichwort, „Glasgow habe das Kapital". Daß diese traditionellen Zwistigkeiten heute nur noch auf humoristischer Ebene fortgeführt werden, das zeigen verbale Anzüglichkeiten wie der von einem Edinburgher Club ausgeschriebene Wettbewerb: Erster Preis, eine einwöchige Reise nach Glasgow, zweiter Preis eine zweiwöchige Reise nach Glasgow...

Die City
Ich saß im Zug und betrachtete die immer dichter werdende Stadt, wie sie draußen am Fenster vorüberzog. Alle stereotypen Klischees, die ich mit Glasgow in Verbindung brachte, schienen sich jetzt zu bewahrheiten. Kahle Hochhaussiedlungen, langsam verfallende Industriekomplexe und alte Zeitungen, die wie Präriegras durch die Geisterstädte in Wildwestfilmen wehen. Das alles sah ich nun entlang der Eisenbahnlinie. Was hatte ich erwartet? Natürlich mußte ich an die Industrielle Revolution denken, an Arbeiterghettos und natürlich an die Fußballspiele, die immer wieder mit negativen Schlagzeilen besetzt in der Presse erscheinen. Und dann wurde ich im Strom der zur Arbeit gehenden Pendler hineingeschwemmt in die Rushhour der Stadt, in die *Central Station*, den Hauptbahnhof. Und hier kam ich aus dem Staunen nicht mehr heraus. Die helle Glasarchitektur überspannte die gesamte Bahnhofshalle und der Bereich abseits der Gleise dominierte durch seine dunklen Holzfassaden.

Glasgow – Stadt der Gegensätze

Prächtige Geschäfte in modernisiertem viktorianischem Stil gaben der Halle eher das Ambiente einer edlen Einkaufspassage als die eines Bahnhofes. Diese abrupt auftretenden Kontraste schließlich waren es, die mich an dieser Stadt faszinierten. Sie verfolgten mich fast überall in Glasgow, abgerissene Fassaden standen neben Prachtbauten, klapprige Morris Minors parkten zwischen nagelneuen Bentleys.

Wo sollte ich meinen Besuch in Glasgow beginnen? Ich entschied mich, zuerst in das *Greater Glasgow Tourist Board and Convention Bureau* zu gehen, um mich mit Informationen einzudecken. Der Name und die prachtvolle Fassade versprach sehr viel und so stieg ich voller Erwartung die Treppe hinauf, um oben persönlich von einem Angestellten begrüßt zu werden. Aber auch hier holten mich die beschriebenen Kontraste schlagartig ein. Was ich vorfand, war eine mittelgroße Wechselstube auf der linken Seite. Der restliche Raum war aufgefüllt mit Verkaufsregalen, die alles zu Schottland boten: Pullover, Mützen, Schals, Plüschtiere in Hülle und Fülle bis hin zu mit Dudelsäcken behängten Teddybären. Natürlich alles im Schotten-Karo. Ich wühlte mich durch Romane, durch Berge von Ansichtskarten und Ansammlungen von allen möglichen und unmöglichen Souvenirs, um schließlich zwei Broschüren mit sachdienlichen Informationen für mich als gemeinen Reisenden aufzustöbern. Für ein Pfund kaufte ich eine davon: Sie enthielt eine endlose Liste von Unterkunftsmöglichkeiten (alle mit Bild) und zwei Seiten mit Sehenswürdigkeiten. Ich habe sehr viele gute Informa-

Shopping in Glasgow

Buchanan Street, Glasgow

Glasgow – Stadt der Gegensätze

tionsbüros in Schottland erlebt, dieses gehörte für meinen Geschmack nicht dazu.

Zweihundert Meter entfernt besuchte ich die *City Chambers*, das beeindruckende Rathaus Glasgows. Das nach dem Vorbild der italienischen Renaissance errichtete Bauwerk mit seinem siebzig Meter hohen Turm und der Fassade mit venezianischen Stilelementen dominiert den George Square. Als ich die Entrance Hall betrat, wurde mir klar, daß jeder, der Glasgow als bloße Industriestadt betrachtet, die Stadt nicht kennt. Prächtige Säle taten sich mir auf, geschaffen aus italienischem Marmor aus Carrara. Die dunkle Atmosphäre gab den Räumen ihre stilvolle Eleganz. Fast möchte man sagen, hier zeigt sich eine ausgeprägte Verschwendungssucht der viktorianischen Epoche. Die Eingangshalle ist für die Öffentlichkeit zugänglich, während man das Gebäude nur mit den fast täglich stattfindenden Führungen besichtigen kann.

Die *Merchant City* ist mit ihren Fußgängerzonen, renovierten klassizistischen und viktorianischen Fassaden, mit Kaufhäusern, Pubs, Cafés und Boutiquen das geschäftige Zentrum der Stadt. Ich begann meinen Bummel durch die Innenstadt in der *Buchanan Street*, gleich um die Ecke beim Informationsbüro. Das moderne Kaufhaus *Princes Square* ist einen kleinen Besuch wert, auch wenn man nichts einkaufen möchte. In der obersten Etage bietet ein gemütliches Café den Blick hinunter auf noble Geschäfte, auf kunstvoll geschmiedete Geländer und Holzböden. Die alles überspannende Glaskuppel gibt dem ganzen Gebäude seinen hellen Charakter und zeigt gleichzeitig, daß moderne und vikto-

Im Kibble Palace, Botanic Gardens

People's Palace, Glasgow Green

**Glasgow –
Stadt der Gegensätze**

rianische Stilelemente sehr gut harmonieren können. Beim Verlassen des Princes Square fällt mir auf, daß es sich lohnt, den Blick ab und zu nach oben schweifen zu lassen. Der Eingang des Princes Square in der Buchanan Street wird von einer riesigen Metallskulptur überspannt: Ein Pfau scheint beschützend seine Flügel auszubreiten. Und auch sonst ist es immer wieder interessant, Gebäudedetails zu studieren oder die teilweise sehr kunstvollen Fassaden zu betrachten.

Die Buchanan Street mündet in die größte Einkaufsstraße, die *Argyle Street*. Musiker und Künstler beleben im Sommer das Straßenbild und sind in der allgemeinen Hektik ein angenehm ruhender Pol. In der *Candleriggs Street* sind aus dem 18. Jahrhundert noch wenige der Fassaden der alten Lagerhäuser zu sehen. Die *Virginia Street* war der Sitz der Tobacco Lords und ist nach dem Herkunftsland des Tabaks benannt. Die frühere Tabakbörse ist heute umgebaut in eine Einkaufspassage.

Das *Italian Center*, in südlicher Richtung direkt gegenüber der City Chambers gelegen, ist ein weiteres Beispiel dafür, daß sich Glasgow mit der Erinnerung an vergangene Blütezeiten nicht zufrieden gab. Mehrere alte Lagerhäuser aus dem letzten Jahrhundert wurden umgebaut zu einem Komplex mit Innenhof, um den sich Boutiquen, Läden und ein italienisches Restaurant mit Gartencafé gruppieren. Als ich das Café nach einer gemütlichen Mittagspause verließ, machte ich es wie alle Glasgower, ich ging bei roter Fußgängerampel über den Fußgängerüberweg. Rechts von mir quietschten die Reifen, ich hatte wie gewohnt nur nach links geschaut und den Linksverkehr komplett vergessen. Da der Fahrer des quietschenden Autos Vorfahrt hatte, machte ich einen Schritt zurück und erwartete einen, mit hoch rotem Kopf vorbeifahrenden schimpfenden Schotten. Aber nichts davon. Er bedankte sich sehr freundlich, daß ich ihm die Bahn freigemacht hatte und fuhr zuvorkommend lächelnd davon: Ich wurde mir nur nicht klar darüber, ob nun in Glasgow nur die Ampeln keine Bedeutung haben oder ob es prinzipielle schottische Freundlichkeit war.

Eine weitere große Fußgängerzone und Einkaufsstraße ist die *Sauchiehall Street*. Über die winzige und steile Renfrew Street gelangt man zur *Glasgow School of Art*. Dieser Jugendstilbau gilt als Renommiergebäude für den Glasgower Architekten und Designer *Charles Rennie Mackintosh*. Mit dem Entwurf dieses Gebäudes wurde der damals 28jährige junge Architekt praktisch über Nacht bekannt. Mackintosh profilierte sich neben seiner Architektur mit Entwürfen von Möbeln, Gebrauchsgegenständen, Plastiken und Grafiken hauptsächlich im Ausland als Avantgarde-Künstler. In Glasgow schuf er einige Gebäude sowie die berühmten Tearooms, von denen allerdings heute nur *Willows Tearoom* in der Sauchiehall Street Nr. 217 erhalten ist. Mackintosh siedelte nach London um, nachdem er immer weniger Aufträge erhielt und zudem der Jugendstil außer Mode kam. Er starb 1928 praktisch völlig verarmt in London. Die Einrichtung des von ihm selbst entworfenen Hauses in Glasgow wurden kurz vor dem Abriß gerettet und kann heute zusammen mit seinen Möbeln und anderen Ausstattungsgegenständen besichtigt werden im *Hunterian Museum and Art Gallery*.

Glasgow – Stadt der Gegensätze

Nicht weit von der Glasgow School of Art stand ich in der Buccleuch Street vor dem Haus Nummer 145. Das *Tenement House* war ein unauffälliges Reihenhaus und ein ganz normales Wohnhaus wie Tausende andere in Glasgow auch. Ein paar Stufen führten zur Eingangstür hinauf und ich trat in einen dunklen, kahlen Hausflur, dessen abbröckelnder Putz an den Wänden und der leicht feucht-modrige Geruch das Alter des Gebäudes erahnen ließ. Eine einzelne Glühbirne hing in einer ebenso einzelnen Fassung von der Decke. Ich stieg die Stufen hinauf in den zweiten Stock und zog den goldenen Klingelzug. Eine alte Dame öffnete die schwere Holztür, die durch ihre matten bunten Glasscheiben durchscheinend war. Ich wurde sehr freundlich begrüßt und man bat mich einzutreten. Kaum war ich einen Schritt im Wohnungsflur, als mich meine Erinnerung traf wie ein Blitzschlag. Aber an was erinnerte ich mich? Noch nie in meinem Leben war ich hier gewesen. Auch die nette alte Dame kannte ich nicht. Und dann – ebenso blitzartig – wurde mir klar, an was ich mich erinnerte. Der Geruch von Bohnerwachs lag in den hohen Räumen. Schwere, dunkel glänzende Möbel, eine laut tickende Standuhr und der überdimensionale goldverzierte Spiegel gaben dem Flur jene biedere Distanziertheit, die ich von meiner Kindheit her als steife und sterile Berührungslosigkeit kannte. Fast sah ich meinen Großvater, der uns Kindern zur Begrüßung immer gerade mal die Hand gab, in seinem schweren Ledersessel in der Ecke sitzen. Ich stand plötzlich mitten in einer Wohnung, die die Zeit überlebt zu haben schien. Der Linoleumboden war bedeckt mit schweren Teppichen und die Küche mit ihrem massiven gußeisernen Ofen hing voll mit Kochtöpfen und Accessoires aus der Zeit der Jahrhundertwende. Im Wohnzimmer war der runde Tisch mit seiner Spitzen-Tischdecke gedeckt mit einem feinen Kaffeeservice, gerade so als ob der sonntagnachmittägliche Besuch jeden Moment erwartet würde. An den Wänden hingen alte Fotografien von Familienangehörigen und an der Decke warf die Gaslampe aus Messing ihr warmes Licht in den kühl wirkenden Raum. 1911 zog Agnes Toward als kleines Mädchen zusammen mit ihrer

Ritter und Poeten im Kelvingrove Park

Glasgow – Stadt der Gegensätze

Mutter in der Mietswohnung ein und lebte hier mit ihr bis sie 1939 starb. Agnes gehörte wohl zu den Menschen, die nie etwas wegwerfen können und so behielt die Wohnung ihre Einrichtung mit allem Krimskrams bis ins Jahr 1969. Mrs. Toward mußte danach in ein Pflegeheim übersiedelt werden und die Wohnung stand anschließend leer, bis sie vom *National Trust for Scotland* entdeckt und sofort gekauft wurde. So ist hier heute nicht nur ein einmaliges Relikt aus Glasgows Leben, sondern auch ein Zeugnis gesellschaftlicher Umgangs- und Lebensformen seit der Jahrhundertwende zu sehen.

Es war das architektonisch wundersame Werk Alexander Thomsons, das mich am späten Abend noch fast zur Verzweiflung brachte. Es ließ sich selbst unter Einsatz aller Phantasie nicht angemessen fotografieren. Fast schien es, als widersetze sich die *St. Vincent Street Church* jedem Versuch, sie in einen Rahmen zu zwängen. Und aus dem Rahmen fällt diese Kirche allemal, sie ist eine skurrile Mischung aus verschiedenen Baustilen: auf klassischen Fundamenten stützen griechische Säulen mit seitlichen ägyptischen Verzierungen einen campanileartigen Turm. Die Kirche ist ein interessantes Unikum sowohl außen als auch innen.

Necropolis

Früh morgens besuchte ich den größten Friedhof der Stadt, die Necropolis auf dem Fir Park Hill. Die Stille lastete drückend auf den monumentalen Gräbern, die wuchtig die langsam erwachende Stadt überragten. Die Geschichte des 19. Jahrhunderts schien sich hier über die Stadt zu erheben wie ein erhobener Zeigefinger, auf den

Glanz einer reichen, längst vergangenen Epoche hinweisend. Sie haben sich hier ihre eigenen Monumente geschaffen, Gräber im indischen und ägyptischen Stil, mit chinesischen Ornamenten, Obelisken aus Granit mit griechischen Portellen und maurischen Zinnen. Sie haben sich eine Totenstadt errichtet, die Kaufleute, die Banker, die Wirtschaftskräftigen des letzten Jahrhunderts. All jene, die durch die aufkommende Industrialisierung hinaufgeschwemmt wurden in den Geldadel. Vom Erbadel nie akzeptiert, haben sie mit für das Wachsen und die Veränderung dieser Stadt gesorgt. Und gewachsen ist Glasgow bis heute. Die Grabmäler der Gründungsväter dieses Wachstumsprozesses haben die victorianische Epoche überlebt. Überlebt haben auch ihre Ideen, die sich im Laufe der Zeit verselbständigten. Der einst gesäte Samen der Maschinisierung scheint heute aufgegangen zu sein und droht, hier oben auf der Necropolis, seine eigenen Gründungsväter zuzuwuchern. Die Industriekomplexe reichen mittlerweile bis an die Zäune des Fir Park Hill heran. Direkt an den Fir Park Hill angrenzend liegt der Gründungsort von Glasgow und die *St. Mungo Cathedral* sowie das älteste Haus der Stadt, das mittelalterliche *Provand's Lordship*, in dem angeblich König James III. und Maria Stuart genächtigt haben. Im *St. Mugos Museum of Religious Life and Art* am Cathedral Square kann man Exponate und Ausstellungen über die Weltreligionen betrachten, wobei Mumienmasken aus dem alten Ägypten ebenso zu bestaunen sind wie Fetische aus Afrika oder hinduistische Statuen.
Etwas außerhalb der City liegt der weitläufige *Kelvingrove Park* mit der

Glasgow – Stadt der Gegensätze

The Hamilton Races

Über den Dächern von Glasgow

Universität und der *Kelvingrove Art Gallery*. Das Museum zeigt Gemälde von den alten Meistern über französische Impressionisten bis zu einheimischen Künstlern. Die Galerie gilt als eine der schönsten städtischen Sammlungen in Großbritannien.

Die *Botanic Gardens* an der Great Western Road erreicht man zu Fuß von der Kelingrove Art Gallery in nordwestlicher Richtung in etwa fünfzehn Minuten. Hier hat mich vor allem der *Kibble Palace* fasziniert. John Kibble, der Erbauer des Glaspalastes, ließ die ursprünglich am Loch Long erbaute Stahlkonstruktion nach seinem Umzug nach Glasgow versetzen. Der ganze Koloß wurde den Clyde herauftransportiert. Heute beherbergt das Glashaus eine üppige subtropische Vegetation mit entsprechend hochgehaltener Luftfeuchtigkeit. Sehr eindrucksvoll sind die lebensgroßen Marmorstatuen, die mich durch ihre realistischen Gesichtszüge gefesselt haben.

Von Menschen und Pferden

Pferderennen sind in Schottland ein beliebter Sport, natürlich weniger zur eigenen körperlichen Ertüchtigung als für den Sport des Wettens. An Renntagen läßt der Bauer den Traktor und der Handwerker sein Werkzeug liegen, der Krämer schließt seinen Laden ab und alles, was laufen kann, zieht zum Hippodrom. Neben den unzähligen kleineren Rennen, die es überall in Schottland gibt, finden die großen Renntage auf den Race Courts von Hamilton, Kelso, Ayr und Musselburgh statt. *Hamilton* liegt vor den Toren Glasgows praktisch gegenüber von Motherwell auf der anderen Talseite. Ein Besuch auf der Pferderennbahn lohnt in jedem Fall und bei der Touristinformation in Glasgow erfährt man die Renntermine.

Ich selbst bin kein erklärter Freund des Pferdesports, auch sind mir die Regeln der Rennen völlig fremd, dennoch wollte ich mir eine Veranstaltung ansehen, weniger wegen der Rennen selbst als vielmehr wegen der Atmosphäre und der Möglichkeit, die Menschen zu beobachten. Meine Anfahrt zu den *Hamilton-Races* begann mit fast aussichtslos verstopften Zufahrtsstraßen, die dazu führten, daß meine Nerven bereits vor Ankunft, auch ohne wetten zu wollen, ziemlich angegriffen waren. Etwas mürrisch gelaunt erreichte ich schließlich den erst etwa halb gefüllten Rennplatz. Man stand herum, unterhielt sich bei einem Glas Bier oder Sekt und harrte der Dinge, die da auf einen zukämen. Die Tribüne füllte sich zunehmend und als das erste Rennen fast nebenbei gestartet war, schlug die Ruhe schlagartig um in eine eigenartige Hektik. Plötzlich ging es nicht mehr um eine sonntagnachmittägliche Freizeitbeschäftigung, nicht mehr um Pferderennen oder Sport, nein, es ging ums nackte Geld. Und dies zeichnete sich genauso urplötzlich in den Gesichtern der Zuschauer und Wetter ab. Bei den ersten Rennen bekam ich von den Pferden überhaupt nichts mit, ich stand unten an der Tribüne und schaute rückwärts ins Publikum. Man feuerte „sein" Pferd an, man sprang von den Sitzen auf und zusammen mit dem immer lauter werdenden Kommentaren in den Lautsprechern brüllten auch die Zuschauer immer lauter in den riesigen Parcours hinein, der über eine Länge von vier Kilometern in der Ferne verschwand. Die Pferde waren jetzt genau auf der anderen Seite der Bahn in etwa zweieinhalb Kilometern Entfernung gerade noch zu sehen, als die Köpfe der Wetter teilweise schon tief rot anliefen. Keiner dachte jetzt daran, daß die Jokkeys auf der anderen Seite die Anfeuerungsrufe vielleicht nicht hören könnten. Die Tribüne kam in Wallung und fast ins Beben, als mit einem tiefen gemeinschaftlichen Seufzer ein Pulk von Pferden über die Ziellinie galoppierte. Betroffenes Schweigen und ein paar wenige Jubelrufe gingen dem nun einsetzenden zweiten Rennen voraus: Jetzt rannte das Publikum zu den Buchmachern und Wettbüros, um es beim nächsten Mal besser zu machen oder um den Gewinn erneut zu setzen.

Glasgow – Stadt der Gegensätze

AUSKUNFT
Glasgow
Greater Glasgow Tourist Board and Convention Bureau, 39 St. Vincent Place, Glasgow G1 2ER,
Tel. 0141/2044400
Wettertelefon: 01891/200841

ÜBERNACHTUNG
Motherwell
Caravan Park im Strathclyde Country Park. 366 Hamilton Road, Motherwell, Lanarkshire, ML1 4ED, Tel. 01698/266155.
Der einzige Caravan Park in und um Glasgow. An der M74 Richtung Süden, im Kreisverkehr der Ausfahrt Nr. 5 geht eine kleine Straße ab nach „Strathclyde Country Park" (leicht zu übersehen).

PARKEN
Bezüglich Parkplätzen ist Glasgow eine Katastrophe und zudem sind im Zentrum die Parkuhren sehr teuer (dennoch gibt es keine freien Plätze). Es empfiehlt sich, den Camper stehen zu lassen und mit dem Zug in die Stadt zu fahren.

HIGHLIGHTS
* City Chambers (Öffnungszeiten: Mo.-Fr. geführte Touren 10.30 u. 14.30 Uhr, Eintritt frei)
* Princes Square Shopping Center, 48 Buchanan Street
* Merchant City, Zentrum und Fußgängerzone
* Glasgow School of Art (Öffnungszeiten: Mo.-Fr. 9.30 u. 17.00 Uhr, Sa. 10.00-12.00 Uhr).
* Hunterian Museum and Art Gallery (Öffnungszeiten: Mo.-Sa. 9.30 u. 17.00 Uhr. Eintritt frei)
* Tenement House, 145 Buccleuch Street, Garnethill (Öffnungszeiten: Apr.-Okt., tägl. 14.00-17.00 Uhr, Sa./So. 14.00-16.00 Uhr).
* Necropolis
* Cathedral of St. Mungo (Öffnungszeiten: Mo.-Sa. 9.30-18.00 Uhr, So. 14.00-17.00 Uhr, Eintritt frei)
* Kelvingrove Park mit Universität und Art Gallery
* Botanic Gardens (Öffnungszeiten: täglich 7.00 Uhr-Dämmerung, Eintritt frei)
* Kibble Palace (Öffnungszeiten: 10.00-16.45 Uhr, Eintritt frei)

WEITERE SEHENSWÜRDIGKEITEN
* The Italian Centre, John Street, Klein Italien in Glasgow.
* St. Vincent Street Church
* St. Mugos Museum of Religious Life and Art (Öffnungszeiten: Mo.-Sa. 10.00-17.00 Uhr, So. 11.00-17.00 Uhr).

Von Glasgow nahm ich trotz aller Widersprüchlichkeiten einen sehr positiven Gesamteindruck mit auf die letzte Etappe meiner Reise. Dennoch wollte ich Schottland nicht mit den Großstadt-Bildern als letzte Erinnerung verlassen. So entschloß ich mich entlang der Route nach Süden ein paar kleine Abstecher zu machen und ein

Durch die Lowlands

wenig die Regionen *Ayrshire* und *Dumfriesshire* zu erkunden. Die Autobahn A74 nach Süden ist die wichtigste Nord-Süd-Verbindung zwischen Schottland und England und führt direkt am Strathclyde Caravan Park vorbei. Nach etwa vierzig Kilometern verließ ich den Motorway über die Abfahrt Nummer 13 nach Crawford und fuhr über ein kleines Landsträßchen, die B7040, nach Westen.

An der winzigen und sehr kurvenreichen Straße hielt ich am Straßenrand an und stieg aus, um die kahle Hügellandschaft zu fotografieren. Ähnlich wie in den Moorfoot Hills sucht sich der Fluß *Elvan Water* schlängelnderweise seinen Weg durch das Weideland. Während meiner etwa zehnminütigen Pause kam nur ein Fahrzeug vorbei und das hielt an. Ein älterer Farmer stieg aus und fragte mich freundlich, ob ich mit meinem Wagen Probleme hätte und ob ich Hilfe benötigte. Schlagartig war ich also mitten in die Einsamkeit der Southern Uplands hineingeraten. Die Gehöfte liegen so weit verstreut auseinander, daß man sich wie selbstverständlich durch gegenseitige Hilfe das Leben erleichtert.

Das älteste Postamt Großbritanniens wollte ich mir ansehen und fuhr dreimal in beiden Richtungen daran vorbei. Ein mittelalterliches Gebäude hatte ich mir vorgestellt und wie gewohnt in Schottland ein Visitor Center mit Informationsbüro. Nichts dergleichen war unter der angegebenen Adresse zu sehen. Das *Sanquhar Postoffice* fand ich schließlich mitten an der Hauptstraße des Ortes, völlig unscheinbar in die Front der anderen Reihenhäuser integriert. Das einzige, was an den geschichtsträchtigen Ort erinnerte war ein kleines Schild über der Eingangstür. Das Postamt ist seit 1763 bis heute ohne Unterbrechung in Betrieb und gilt deshalb als das älteste auf der Insel.

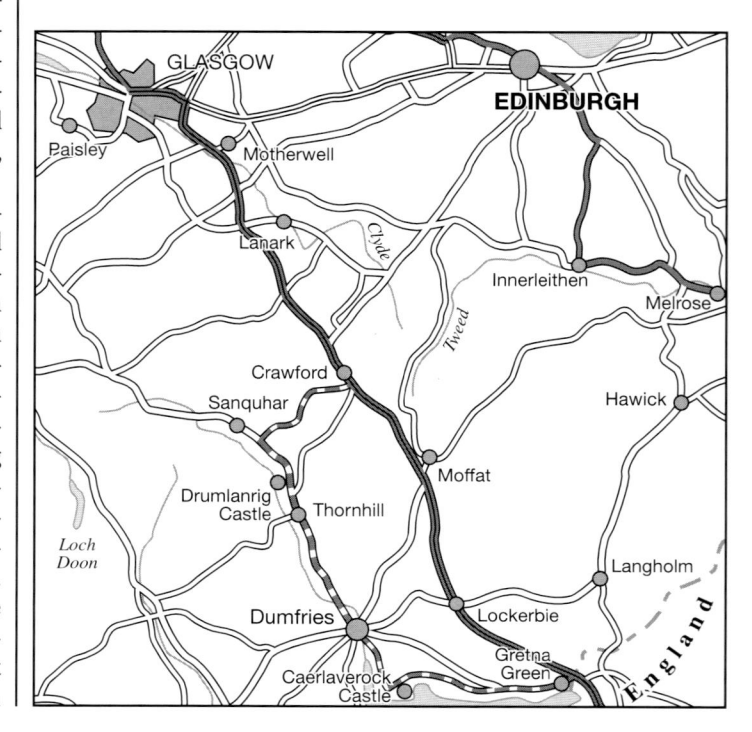

Durch die Lowlands

Zwanzig Kilometer südlich von Sanquhar besuchte ich das Schloß *Drumlanrig Castle*. Das Schloß liegt eingebettet in eine idyllische Landschaft. Die großen Ländereien um den Stammsitz mit Wäldern, Weiden und Flußläufen bedeuten, daß die Douglas' mit zu den großen schottischen Clans gehörten und immer noch gehören. Wie in so vielen anderen Schlössern auch, soll hier Bonnie Prince Charlie übernachtet haben, weshalb man immerhin einen „Bonnie Prince Charlie Room" eingerichtet hat. Dieser Mensch schien mich zu verfolgen, obwohl er einige hundert Jahre vor mir lebte. Am Ende meiner Reise angekommen, das muß ich zugeben, konnte ich den Namen Bonnie Prince Charlie nicht mehr hören. Seine Spur zog sich durch das Land, wo ich auch ging oder stand.

In Ayrshire begegnet man einem anderen Namen auf Schritt und Tritt: *Robert Burns*. Er gilt neben Scott als der bekannteste schottische Schriftsteller und Lyriker. Als Sohn eines Bauern geboren, schaffte er durch seine dichterische Gabe den Sprung vom väterlichen Bauernhof zum Literaten, der in den vornehmen Salons und Kreisen Einlaß fand und in Edinburgher Literaturkreisen gefeiert wurde. Man sagt ihm in jungen Jahren ein lasterhaftes und exzessives Leben nach, bevor er später als staatlicher Steuereintreiber, als Farmer, als Dichter und Liederschreiber gleichzeitig arbeitete. Im Jahre 1796 starb er im Alter von 37 Jahren in Dumfries, von Depressionen und rheumatischem Fieber gequält. Es heißt, daß die Erinnerung an Robert Burns, der als Dichter des Volkes gilt,

Luxus vom Feinsten: Vor Drumlanrig Castle

Durch die Lowlands

bei den Schotten wirklich gepflegt wird und nicht nur für touristische Zwecke wiederbelebt wurde. Nicht jeder, der Deutschland besucht, studiert auch Friedrich Schiller intensiv. Und so dachte ich mir, daß Robert Burns ebenfalls sehr lange Zeit schon tot ist, was die zeitgemäße Aktualität seiner Schriften nicht unbedingt fördert. Also beschloß ich, ihn da liegen zu lassen, wo er seit langem ruht – auf dem Kirchhof von St. Michael's in Dumfries. Wer sich jedoch ausgiebig mit dem Dichter auseinandersetzen möchte, dem sei das *Robert Burns Center* in Dumfries empfohlen. Das Museum ist untergebracht in einer ehemaligen Mühle am River Nith und zeigt umfangreiches Material zu Burns' Arbeit.

Dumfries wurde als erster Ort Schottlands 1395 mit Stadtrechten ausgestattet. Dies wurde offenbar durch die Verleihung des Titels „Royal Burgh". Heute ist die Stadt mit ihren 33.000 Einwohnern das wirtschaftliche Zentrum der Region. Das nette Städtchen ist mit seiner Fußgängerbrücke aus dem Jahre 1208, der Camera Obscura und dem geschäftigen Zentrum nicht eben als aufregend zu bezeichnen. Der Name „Königin des Südens", wie die Stadt auch genannt wird, ist wahrscheinlich darauf zurückzuführen, daß Dumfries die einzige große Stadt weit und breit in dieser Gegend ist. Zu erwähnen ist noch das *Dumfries Museum* auf dem Corbelly Hill, das sich mit der regionalen Geschichte befaßt und die bereits erwähnte Camera Obscura beherbergt. Mit Hilfe eines vertikal über einer weißen Fläche montierten Hohlspiegels wurden in den Anfangszeiten der Fotografie, vor über 150 Jahren, Abbilder projiziert.

Ich verließ Dumfries genau in südlicher Richtung und fuhr am östlichen Ufer des River Nith entlang, der nach wenigen Kilometern bereits in den Solway Firth mündet.

Offenbar galten bereits im Mittelalter in der Architektur bestimmte Regeln, nach denen entworfen, geplant und gebaut wurde. Ebenso aber gab es Außenseiter, die diese gängigen Geschmacksvorstellungen der anderen Bauherren ignorierten. Dem Eigensinn eines unbekannten Bauherren ist die einzige mittelalterliche Festung Schottlands zu verdanken, die als Grundriß keine rechteckige Form aufweist, sondern als Dreieck gebaut wurde: *Caerlaverock Castle*. Gebaut als Grenzlandfestung für die Landesverteidigung, wechselte die Burg des öfteren ihre Besitzer und litt im Laufe ihrer Geschichte sehr stark unter diesen kriegerischen Einflüssen. Die Ruine ist heute sehr brüchig und äußerst baufällig und hält nicht einmal mehr dem Ansturm der unzähligen Stechmücken aus den angrenzenden Sümpfen stand. Die Ruinenfestung wird umgeben von einem breiten Wassergraben, und grenzt direkt an das gleichnamige *National Nature Reserve*. Hinter der Burg führt ein teilweise über Stege angelegter Weg durch das Sumpfgebiet, das hauptsächlich im Winter gute Möglichkeiten für die Vogelbeobachtung gibt.

Im weiteren Verlauf der Strecke in Richtung Westen wurde das Land wieder zunehmend flacher und das weite Farmland war nur noch selten von wenigen Waldflächen unterbrochen. Nach dem kleinen Ort Annan folgte ich der B721 nach *Gretna Green*. Die

Attraktion dieses berühmten Ortes zu finden, bereitete mir keinerlei Schwierigkeiten: ich mußte nur den Reisebussen hinterherfahren, um auf einen Parkplatz zu gelangen, der mir vorkam wie ein Zentrales Busdepot. Nicht weniger als dreiunddreißig große Reisebusse zählte ich – im April! Große Teile des restlichen Schottland lagen zu dieser Zeit touristisch vollkommen brach. Ich quetschte mein Wohnmobil noch dazwischen und begann damit, mir Schottlands größte Touristenfalle anzusehen, die Heiratsschmiede von Gretna Green. Zunächst war von Hochzeit und Heirat nicht viel zu sehen und zu hören, vielmehr kam ich mir vor wie am verkaufsoffenen Samstag in bundesdeutschen Fußgängerzonen eine Woche vor Weihnachten. Allerdings brauchte ich hier nicht herumzuirren, denn Hinweisschilder zu allen wichtigen Highlights des Geländes waren auf unzähligen Schildern zu finden: artefact shop, restaurant, icecream, tartan shop, ices, meals, imbis, café, art center, information, toilets, parking ... War da nicht noch die alte Schmiede, die in der Vergangenheit ihren Ruhm Hochzeiten verdankte, die auf der anderen Seite der Grenze illegal gewesen wären? Minderjährige Paare konnten sich hier auf schottischem Boden nach schottischem Gesetz trauen lassen ohne die Zustimmung ihrer Eltern. Gretna Green lag also ideal. Diesseits der Grenze brauchte man nur ein Eheversprechen vor Zeugen, jenseits der Grenze waren heimliche Hochzeiten gesetzlich verboten. Erst durch einen Beschluß des Parlaments im Jahre 1940 wurde dieser Praxis ein Ende gesetzt. Der Ruhm des kleinen Örtchens konnte aber nicht verboten werden, und so werden auch heute noch aus „romantischen" Gründen in Gretna Green jährlich bis zu 3.000 Ehen geschlossen – standesamtlich und legal versteht sich.

Die Rückfahrt

Direkt hinter Gretna Green verließ ich Schottland wieder auf die gleiche unspektakuläre Weise wie ich eingereist war, ich passierte einen Stein am Straßenrand mit der Aufschrift ENGLAND. Die A69 führte mich zurück nach *Newcastle upon Tyne*. Die teilweise sehr gut ausgebaute Fernstraße berührte an einigen Stellen den Hadrians Wall, jene Verteidigungsanlage der Römer, die als Mauer quer durch das Land gebaut wurde. Hinweisschilder an der A69 weisen auf noch erhaltene Ruinen oder größere Mauerteile hin, die man besichtigen kann. Allerdings ist außer den Grundmauern in

Das Geschäft mit der Heirat: Gretna Green

Durch die Lowlands

Durch die Lowlands

*Bollwerk und
Naturschutzgebiet,
Caerlaverock Castle*

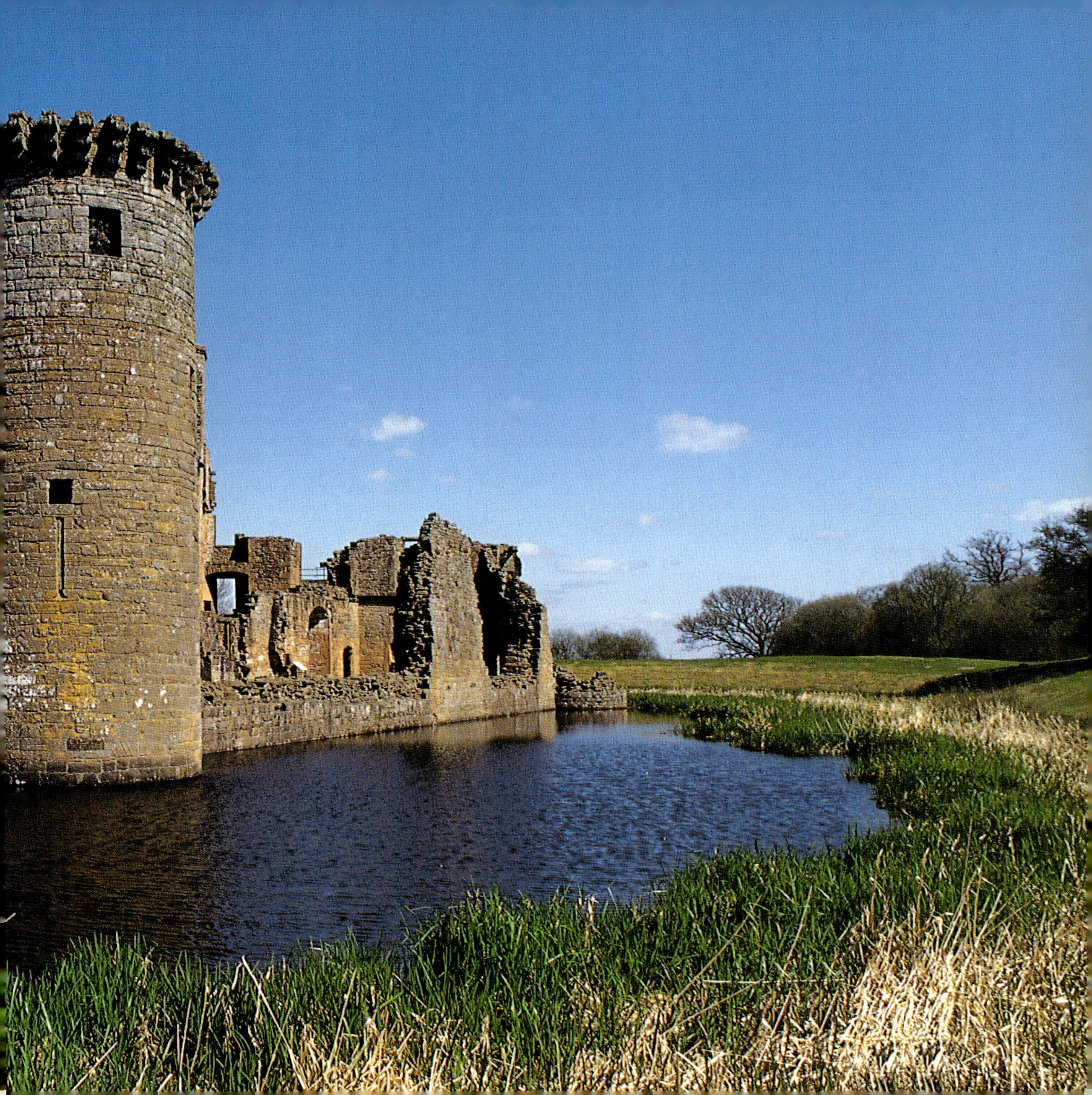

Durch die Lowlands

den meisten Fällen nichts erhalten geblieben, so daß die Phantasie des Besuchers sehr stark gefordert wird.

Von Gretna Green bis Newcastle sind es etwa hundert Kilometer, die ich in zweieinhalb Stunden zurücklegte und unterwegs noch eines der römischen Forts besichtigte. Entlang der Strecke gibt es einige Caravan Parks, die für eine Unterbrechung gut geeignet sind. Ich entschied mich dennoch, nach Newcastle zu fahren, um am nächsten Morgen in aller Gemütlichkeit nach dem Frühstück in Richtung Fähre fahren zu können. Der in einigen Campingführern noch eingezeichnete Campground am Racecourt in Newcastle existiert allerdings nicht mehr. Der *Whitley Bay Caravan Park*, nördlich von Tynemouth am Meer gelegen, ist damit der einzige Campingplatz in naher Umgebung des Fährhafens. Es ist eine sehr gepflegte Anlage, allerdings mit zehn Pfund pro Nacht nicht ganz billig.

Auch diesmal konnte ich mich nicht dazu durchringen, unter Deck an der Bar in Ruhe einen Kaffee oder ein Glas Bier zu trinken. Wieder stand ich auf dem Sonnendeck der Fähre und genoß den Anblick des in der Ferne verschwindenden Leuchtturmes von Newcastle. Die Möwen kreisten kreischend über dem Schiff, um noch den einen oder anderen Happen zu naschen, bevor das Schiff auf hoher See verschwand. Der Wind blies mir die frische Seeluft ins Gesicht und es würde nach Aussage des Kapitäns eine ruhige Überfahrt werden.

Obwohl mir Schottland mittlerweile sehr vertraut ist, war ich auch diesmal wieder auf viele neue Dinge gestoßen, ich hatte interessante Menschen kennengelernt und bekannte Gegenden erkundet, um neues zu entdecken. Auch diese Reise, meine fünfte innerhalb von zwei Jahren, wird mit absoluter Sicherheit nicht die letzte sein.

AUSKUNFT
Dumfries and Galloway Tourist Board
Campbell House, Bankend Road, Dumfries DG1 4TH,
Tel.: 01387/50434
Wettertelefon: 01891/200841

ÜBERNACHTUNG
Newcastle
Whitley Bay Caravan Park (Wohnmobil 10,00 Pfund). Großer Platz, am Meer gelegen. Hauptsächlich für stationäre Wohnwagen, kleines Territorium für Wohnmobile. Die Sanitäranlagen für Tourer sind mehr als dürftig. Als letzte Übernachtung vor der Rückfahrt ist der Platz gut geeignet. Sehr stark frequentiert.

PARKEN
An den Sehenswürdigkeiten sind in der Regel ausreichend Parkplätze vorhanden.

HIGHLIGHTS
* Sanquhar, ältestes Postamt der Welt
* Drumlanrig Castle and Country Park (Öffnungszeiten: Mai-Aug., tägl. 11.00–17.00 Uhr, So 13.00–17.00 Uhr). Parkplatz am Schloß.
* Caerlaverock Castle and National Nature Reserve (Öffnungszeiten: Apr.-Sep., tägl. 10.00–18.00 Uhr).
* Gretna Green, das Hochzeitsparadies. Open all year.

WEITERE AUSFLÜGE
* **Dumfries**
Robert Burns Center, Burns Street (Öffnungszeiten: Apr.-Sept., Mo.-Sa. 10.00–20.00, So. 14.00–17.00 Uhr, Eintritt frei, außer der Audiovisuellen Präsentation)
Dumfries Museum and Camera Obscura (Öffnungszeiten: Mo.-Sa. 10.00–13.00 Uhr, So. 14.00–17.00 Uhr, Eintritt frei, außer Camera Obscura)

Touristische Tips und Hinweise

Angeln
Die unzähligen Flüsse und Seen bilden für Angler ein Paradies. Genaue Auskunft über die guten Angelstrecken und die besten Angelzeiten erhält man beim Scottish Tourist Board, das auch spezielle Angler-Broschüren herausgibt: „Scotland for Fishing" und „Scotland for Sea Angling".

Drei Arten des Fischens werden unterschieden, das *Game Fishing* (Lachs- und Forellenfang), das Coarse Fishing (andere Süßwasserfische) und das Deep Sea Angling (Hochseeangeln). Lizenzen benötigt man für das Game Fishing. Diese sind in Anglergeschäften, in Hotels oder bei den lokalen Fischereidistrikten erhältlich. Für das Coarse Fishing sind Genehmigungen nicht nötig.

Autofahren
In Schottland wird wie in England links gefahren. Auch wer noch keine Erfahrungen mit Linksverkehr hat, sollte sich davon nicht abschrecken lassen. Entsprechende Vorsicht ist jedoch empfehlenswert. Gefährlich sind alle „in Fleisch und Blut" übergegangenen Verhaltensmuster, z.B. rutscht man schon leicht einmal auf die rechte Fahrspur, wenn nachts die Straßen leer sind und man gerade losfährt. Problematisch können auch spontan notwendige Reaktionen wie Ausweichmanöver werden: instinktiv weicht man in die falsche Richtung aus. An Kreuzungen ist es sinnvoll, in jedem Fall stehen zu bleiben, denn auch hier ist der erste Blick nach links – wie wir ihn gewohnt sind – der falsche. Ein weiteres Problem ist das Überholen, denn als links sitzender Fahrer sieht man schlecht bzw. gar nicht an zu überholenden Fahrzeugen vorbei. Also lieber Vorsicht walten lassen. Dies alles läßt sich relativ gut in den Griff bekommen, wenn der Beifahrer „mitfährt", also ständig mit aufpaßt. Mit der entsprechenden Vorsicht und ein paar Tagen Übung geht's dann ganz gut. Wer daran denkt, ein Wohnmobil in Schottland zu mieten, hat es meiner Ansicht nach einfacher, denn dann ist wirklich alles verkehrt herum und damit etwas einfacher zum Eingewöhnen.

In dünn besiedelten Gebieten sind einspurige Straßen (single track roads) der Normalfall. Hier gilt, wer näher an einer Ausweichstelle ist, wartet und läßt den anderen passieren, oder er fährt zurück. Im Zweifelsfall ist Freundlichkeit immer der richtige Weg. Das Tankstellennetz ist gut ausgebaut. Nur im äußersten Norden (Caithness und Sutherland) sollte man den Tank nicht bis zum letzten Tropfen ausreizen und tanken, wenn sich Gelegenheit dazu bietet. Die Kraftstoffbezeichnungen sind Unleaded (bleifreies Super Plus mit 98 Oktan), Eurosuper (Normalbenzin mit 95 Oktan), leaded (verbleites Super) sowie Diesel (Diesel). Die Dieselpreise, die uns als Wohnmobilfahrer besonders interessieren, liegen zwischen 0,45 und 0,65 Pfund pro Liter.

Die Grüne Versicherungskarte und der deutsche Führerschein sind unbedingt mitzuführen. Alkohol am Steuer ist ebenso problematisch wie in Deutschland und bei einem Unfall führen auch

Touristische Tips und Hinweise

In den Fels geduckt: Crovie an der Smugglers Coast

Paßstraße am Quirang

winzige Alkoholmengen zu einer Teilschuld. Es besteht Gurtanlegepflicht, auch auf den Rücksitzen. Die Geschwindigkeiten und Entfernungen auf den Verkehrsschildern sind seit Oktober 1995 angegeben in Kilometern und Kilometern pro Stunde. Die zulässige Höchstgeschwindigkeit in Ortschaften ist 50 Stundenkilometer, auf Autobahnen und zweispurigen Straßen beträgt sie in der Regel 110 Kilometer pro Stunde.

Parken in Städten und Ortschaften: Zwei durchgezogene gelbe Linien am Straßenrand bedeuten absolutes Halteverbot. Eine durchgezogene gelbe Linie entspricht unserem Parkverbot.
In den Roundabouts, dem allerorts üblichen Kreisverkehr, haben die Fahrzeuge Vorfahrt, die sich im Kreisverkehr befinden. Das einfahrende muß warten.
Das Scottish Tourist Board hat eine gute Übersichts-Straßenkarte herausgegeben, sie ist bei den lokalen Informationsbüros erhältlich. Wer auch die kleinsten Straßen eingezeichnet haben möchte, dem ist der *Great Britain Road Atlas* zu empfehlen.

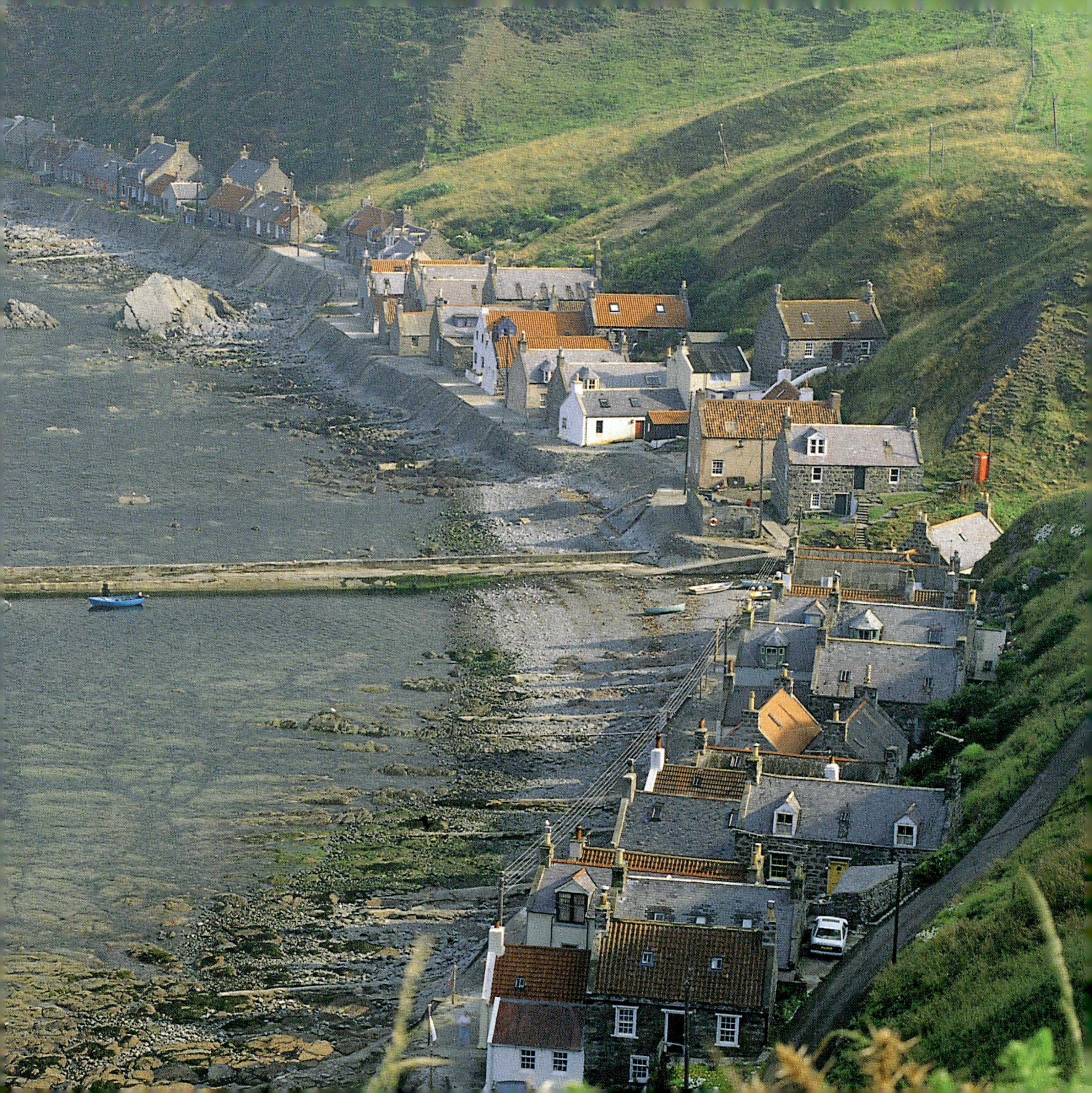

Touristische Tips und Hinweise

Campingplätze / Übernachtung

Schottland bietet Wohnmobilen eine Vielzahl gut ausgestatteter Camping- und Caravan Parks. Das jährlich neu erscheinende *Scotland: Camping & Caravan Parks* ist in allen Tourist Informationsbüros erhältlich oder direkt zu beziehen über die Zentralen Informationsstellen (Siehe „Wichtige Adressen"). In dieser Broschüre wird die exakte Ausstattung angegeben und eine Bewertung der besten Plätze vorgenommen. Die Auszeichnung nach dem *British Graded Holiday Parks Scheme* erfolgt ähnlich unserem „Stern-System", je nach Qualität werden bis zu fünf Häkchen verteilt.

Da jedoch in Schottland die fest aufgestellten Wohn-Caravans sehr beliebt und verbreitet sind, bestehen nicht wenige Plätze zum größeren Teil aus diesen „Wohnanlagen". Diese gehen in die Bewertung des British-Graded-System mit ein, so daß die resultierende Bewertung nicht unbedingt eine immer richtige Aussage für unsere Wohnmobile darstellt. Die auf dem Gelände der Tourer aufgestellten Sanitärblocks ließen leider manchmal sehr zu wünschen übrig.

Auf dem North Esk Caravan Park, Grampian Mountains

Das Verzeichnis *Scotland: Camping & Caravan Parks* ist jedoch nicht vollständig. Ich empfehle Ihnen, sich die von den regionalen Fremdenverkehrsvereinen herausgegebenen „Visitor Guides" zusätzlich zu besorgen und rechtzeitig vor dem Urlaub per Post anzufordern. Das spart vorort die lästige Suche nach den Informationsbüros. Die Visitor Guides enthalten üblicherweis alle, d.h. auch die nicht ausgezeichneten Caravan Parks.

Das Übernachten im Wohnmobil auf Parkplätzen u.ä. wird in Schottland toleriert, wenn keine anderslautenden Schilder oder Einfahrbegrenzungen angebracht sind. In den nördlichen und dünnbesiedelten Gebieten stellt es in der Regel kein Problem dar, während im Süden oder in Gebieten mit starkem Tourismus die Möglichkeiten, kostenfrei zu campen, sehr eingeschränkt wurden. Auf Privatland erhält man normalerweise keine abschlägige Antwort, wenn man die Besitzer vorher freundlich fragt.

Einkaufen

Lebensmittel gibt es in den kleineren Ortschaften in der Regel in kleinen bis mittelgroßen Einzelhandelsläden zu kaufen. „Tante Emma-Läden" in ganz abgelegenen Gebieten sind durchaus normal. Daß die Preise hier etwas höher liegen als in den großen Supermarkt-Ketten der Städte ist verständlich. Dafür kann man öfters mal ein „Schwätzchen" halten und den Kontakt zu den Schotten vertiefen. Die Supermarkt-Preise sind den hiesigen vergleichbar. Souvenirs gibt es in allen Farben, Formen, Größen und im Notfall auch mit Dudelsack und Schottenrock.

Touristische Tips und Hinweise

Einreise
Bürger aus EG-Staaten benötigen nur den Personalausweis oder einen Reisepaß. Österreicher und Schweizer erhalten bei der Einreise eine *visitor card*, die den Aufenthalt evtl. auf 6 Monate begrenzt. In Großbritannien gibt es keine Sommerzeit, d.h. Sie müssen bei der Einreise Ihre Uhren um eine Stunde zurückstellen.

Elektrizität
Die Steckdosen sind anders genormt als in der BRD, deshalb sind Adapter notwendig (in jedem Elektro-Geschäft erhältlich). Rasierapparate können normalerweise ohne Adapter eingesteckt werden. Die Netzspannung beträgt 240 Volt. Dies ist höher als bei uns, liegt aber innerhalb der Toleranzgrenzen für Geräte, so daß man i. d. R. alle Geräte verwenden kann.

Essen und Trinken
Für seine kulinarischen Erzeugnisse ist Großbritannien ganz allgemein ja nicht gerade berühmt geworden. Man denkt spontan an Hammelbraten in Pfefferminz-Sauce oder an Haggis, jenen Häuptling der Würste, der es so mancherorts angeblich auch schon zur eigenen Disziplin bei den Hochland-Spielen gebracht haben soll: den Haggis-Weitwurf. Dennoch sollten Sie sich nicht von Vorurteilen leiten lassen, denn derjenige, der sich auf die Suche nach der Landesküche macht, findet Restaurants in allen Kategorien und Preisklassen. In größeren Orten finden Sie zudem italienische und chinesische Restaurants. Frühstück *(breakfast)* wird in Schottland da eingenommen, wo man übernachtet hat. Als *lunch* bezeichnet man ein Mittagessen in Sparform, eher einen Imbiß, der so zwischendurch eingenommen wird. Die Hauptmahlzeit des Tages findet abends statt: *Diner*.

Fährüberfahrt
Vom Festland aus verkehren mehrere Gesellschaften nach Großbritannien. Direkt nach Schottland gibt es keine Verbindung. Man muß also in jedem Fall über England einreisen. Empfehlenswert ist jedoch in jedem Fall, den nördlichsten Ankunftshafen zu wählen – dies ist Newcastle upon Tyne, das etwa eine Autostunde von der schottischen Grenze entfernt liegt.

Central Station, Glasgow

König der Landstraße

Touristische Tips und Hinweise

Hamburg – Newcastle, 2 × wöchentlich, etwa 23 Stunden Fahrtzeit, Scandinavian Seaways.
Amsterdam – Newcastle, 2–5 × wöchentlich, etwa 15 Stunden Fahrtzeit, Scandinavian Seaways.

Andere Fährverbindungen kommen in England weiter im Süden an. Die Anfahrt von hier führt aber über Autobahnen, die in der Regel sehr stark von LKW befahren sind. Man kann die Entfernungskilometer auf diesen englischen Motorways nicht auf die Fahrzeiten auf deutschen Autobahnen übertragen. Möglich sind:
Hamburg – Harwich, Überfahrtzeit etwa 22 Stunden, 2 × wöchentlich, Scandinavian Seaways.
Rotterdam – Hull, täglich, etwa 14 Stunden Fahrtzeit, North Sea Ferries.
Zeebrügge – Hull, täglich, etwa 14 Stunden Fahrtzeit, North Sea Ferries.

Feier- und Festtage
An Feiertagen geht in Schottland nichts, d.h. alles ist geschlossen. Fällt ein Feiertag auf ein Wochenende, so wird er am darauffolgenden Montag „nachgeholt". Im Allgemeinen sind die Feiertage ähnlich den unseren: Ostern, Weihnachten, Neujahr. Dazu kommen jeweils lokale Festtage.

Fotografieren
Die bei uns üblichen Kleinbild-Filme sind ohne Probleme in Schottland in Geschäften, Souvenirshops und Fotoläden erhältlich. Prinzipiell sind sie teurer als hierzulande. Bei Diafilmen gilt Vorsicht, denn diese werden nur angeboten einschließlich Entwicklung in Schottland. Die Zurücksendung der entwickelten Filme außerhalb Schottlands ist nicht möglich, die Entwick-

lung muß aber mit bezahlt werden. Es kommt schnell der doppelte Preis dabei heraus. Am besten ist es, Sie kaufen alles Filmmaterial bereits zuhause.

Maße
Seit Oktober 1995 gilt in ganz Großbritannien das metrische Maßsystem. Entfernungsangaben und Geschwindigkeiten sind also in Metern und Kilometern angegeben. Gelegentlich findet man aber auch noch Angaben in Meilen (1 mile = 1,6 km). Bei Gewichtsangaben dürfen zusätzlich die alten pounds (1 pound = 453,59 g / 1 kg = 2,205 pounds) verwendet werden. Statt Literangaben gibt es manchmal auch noch „gallon" (1 gal = 4,5 l).

Medizinische Versorgung
Für deutsche Staatsbürger sind Behandlungen bei Praktischen Ärzten und Erstbehandlung bei Zahnärzten, die dem *National Health Service* angeschlossen sind, kostenfrei. Den Arzt auf diese kostenfreien Gesundheitsdienst hinzuweisen, ist aber wichtig. Ambulante Krankenhausbehandlung bei akuten Fällen ist für EU-Bürger ebenfalls kostenlos. Bezahlt werden müssen Leistungen wie stationäre Krankenhausaufenthalte sowie Folgebehandlungen bei Zahnärzten. Empfehlenswert ist in jedem Fall, mit der eigenen Krankenkasse vor der Reise über eine eventuelle Zusatz-Versicherung zu sprechen.

Öffnungszeiten
Geschäfte sind üblicherweise von 9.00 bis 17.30 Uhr geöffnet. Samstag und Sonntag gelten keine einheitlichen Regelungen, so daß man auch an Sonntagen das eine oder andere einkaufen kann.

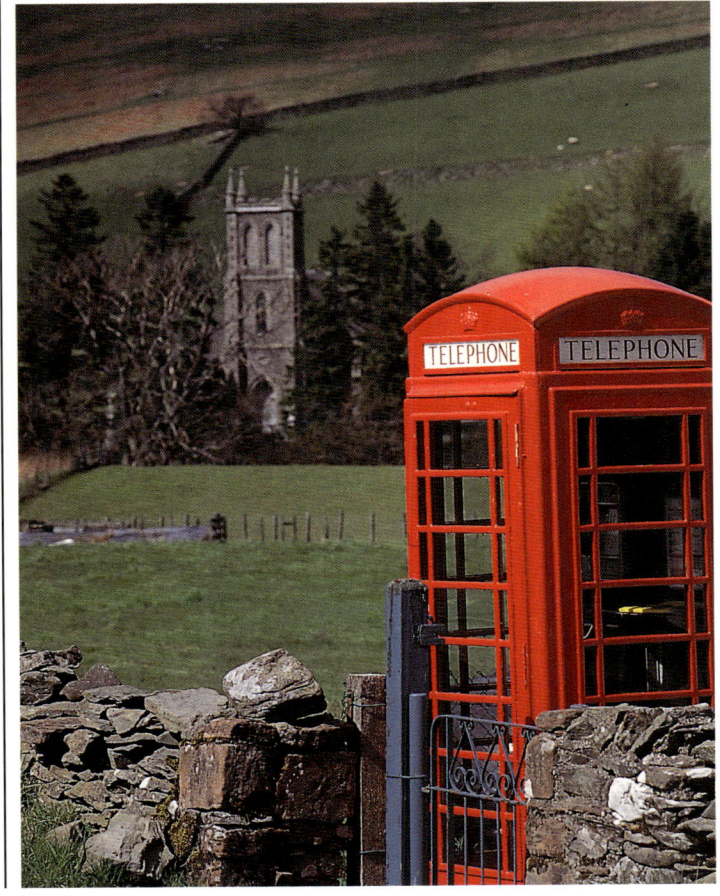

Touristische Tips und Hinweise

Ortsnamen
Häufig sind die ursprünglichen schottischen und gälischen Namen noch als Zusatz auf den Ortsschildern zu finden. Am häufigsten ist dies in den Highlands und auf den Inseln der Fall. Durch die Anglikanisierung sind manchmal uneindeutige Bezeichnungen entstanden, die selbst in offiziellen Straßenkarten ab und zu noch immer zu verschiedenen Schreibweisen führen.

Pubs und Alkohol
Pubs sind Treffpunkt für Jung und Alt. Man steht an der Bar, trinkt ein Bier und plaudert. Auch kommt man keineswegs in den Ruf eines Trinkers, wenn man sich bereits am späten Vormittag ein Bier bestellt. Traditionsgemäß waren die Bars Männerdomäne, während sich die Damen in der meist daneben angeschlossenen Lounge niederlassen konnten. Diese Trennung ist in den Städten heute kein Thema mehr, während man als weibliche Besucherin eines Pubs in den Highlands durchaus noch zum bestaunten Kuriosum werden kann. Die *Public Bars* sind bereits tagsüber geöffnet und nicht selten kann man eine preiswerte Mahlzeit zum lunch einnehmen. Es ist üblich, sein Bier an der Bar zu ordern und gleich zu bezahlen. Bedienung gibt es nur in Pubs, die sich auf den Fremdenverkehr eingestellt haben. Durch das neue Gesetz für den Alkoholausschank dürfen seit 1995 die Pubs ganztägig Alkohol ausschenken.

Reisezeit
Ein Schotte, nach dem Wetter von morgen befragt, erzählt einem in aller Ausführlichkeit, wie schön oder wie schlecht es doch die letzten paar Tage oder Wochen war. Sollte der interessierte Reisende dennoch weiter auf dem „forecast" bestehen, so wird er nicht mehr als ein Achselzucken ernten: you never know, man kann das nie so genau wissen.

Kalkulierbar sind das Wetter und die beste Reisezeit nicht. Statistisch kann man feststellen, daß im Süden die Monate April und Mai die niederschlagsärmsten sind. Im Norden gehört der Juni hier noch mit dazu. Dennoch bin ich in besagtem Juni schon mit zweiwöchigem Regen und Schnee bedacht worden, während ich im April in Edinburgh über Wochen den Sommer ausgebrochen wähnte.

Regen fällt im statistischen Mittel nicht mehr als in Deutschland, während die Temperaturen in den Sommermonaten durchschnittlich 18 Grad Celsius im Tagesmittel nicht übersteigen. Da zu der Errechnung des Mittelwertes die oft kühlen Nachttemperaturen dazuzählen, sind sommerliche Tagestemperaturen von 25 Grad nicht unrealistisch.

Sprache
Machen Sie als Besucher nicht den Fehler und bezeichnen Sie die Rede eines Schotten als englischen Dialekt. Im schlimmsten Fall fühlt sich ein stolzer Hochländer beleidigt und fordert Sie zum Whisky-Duell im Pub heraus. Zumindest aber haben Sie sich als blutiges Schottland-Greenhorn selbst disqualifiziert. Mit Englisch kommt man dennoch gut durch. Wer kein Englisch spricht, dem empfehle ich ein Kleinlexikon mit den gängigen Redewendungen und notwendigsten Begriffen mitzunehmen.

Touristische Tips und Hinweise

Telefonieren
Die öffentlichen Fernsprecher funktionieren wie bei uns. Sie akzeptieren alle üblichen Münzen. Für die Cardphones sind die Telefonkarten erhältlich bei Postämtern und in manchen Geschäften.
Es ist kein Problem, von den öffentlichen Telefonzellen aus direkt nach Deutschland durchzuwählen. Aber Vorsicht in den alten roten Häuschen, der Türmechanismus schlägt größer gewachsene Telefonierer leicht k.o.
Die Vorwahl von Großbritannien aus nach Deutschland ist 01049, nach Österreich 01043 und in die Schweiz 01041, bei der anschließenden Vorwahl muß die Null weggelassen werden.

Tiere
Die Mitnahme von Haustieren erfordert eine Einfuhrgenehmigung und eine Quarantäne von 6 Monaten. Dies gilt unabhängig von vorhandenen Impfbescheinigungen. Bei Vögeln ist die Quarantänezeit nur 35 Tage. Auskunft erteilt das *Ministry of Agriculture, Fisheries and Food*, Hook Rise South, Tolworth, GB-Surbiton, Surrey KT6 7NF, Tel.: 0181 / 330 44 11.

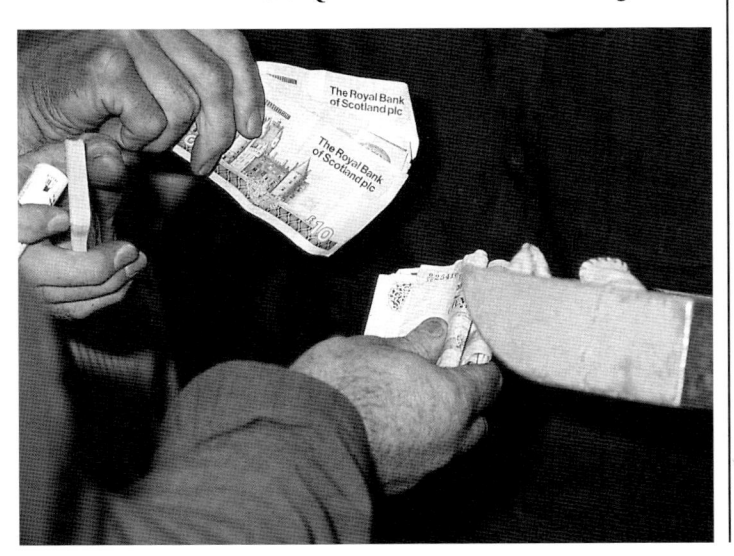

Veranstaltungen
Man sollte sich in jedem Fall die aktuellen Veranstaltungskalender vom Scottish Tourist Board besorgen. Es ist ein Gesamtverzeichnis aller großen Kultur- und Sportveranstaltungen im ganzen Land. Man bekommt sie vorab auch zugeschickt. Denn ob es Highland Games sind, Musikfestivals, Agricultural Shows oder das Edinburgher Festival Fringe, man findet mit Sicherheit interessante Möglichkeiten, die schottische Kultur kennenzulernen.

Währung
Das Pound Sterling der Bank of England ist das offizielle Zahlungsmittel. Aber Schottland wäre nicht Schottland, wenn es nicht sein eigenes Geld zusätzlich drucken würde: das Pound Sterling der Bank of Scotland. Tatsächlich gelten beide Geldwährungen sowohl in Schottland als auch in England. 1 Pfund Sterling hat 100 Pence und entspricht etwa 2,25 DM, 16,– öS beziehungsweise 2,10 sfr.
Die gängigen Reiseschecks sowie die bei uns verbreiteten Kreditkarten finden auch in Schottland breite Anwendung.

Wichtige Telefonnummern
Polizei, Feuerwehr, Ambulanz,
Tel. 999 (gebührenfrei)
Landesweite Pannenhilfe rund um die Uhr:
– Automobile Association (AA),
   Tel. 0800 / 88 77 66 (gebührenfrei)
– Royal Automobile Club (RAC),
   Tel. 0800 / 82 82 82 (gebührenfrei)

Wichtige Adressen

Diplomatische und konsularische Vertretungen in Großbritannien

Deutschland:
Generalkonsulat:
16 Eglinton Crescent,
Edinburgh EH12 5DG,
Tel. 0131 / 337 23 23
Honorarkonsulat:
Sovereign House,
158 West Regent Street,
Glasgow,
Tel. 0141 / 221 03 04
Botschaft:
23 Belgrave Square,
London SW1X 8PZ,
Tel. 0171 / 235 50 33
Schweiz:
Botschaft:
16–18 Montagu Place,
London W1H 2BQ,
Tel. 0171 / 723 07 01.
Österreich:
Honorarkonsulat:
Miller House,
18 South Groathill Avenue,
Edinburgh EH4 2LW,
Tel. 0131 / 332 25 85
Botschaft:
18 Belgrave Mews West,
London SW1X 8HU,
Tel. 0171 / 235 37 31

Botschaften des UK
Deutschland:
Friedrich-Ebert-Allee 77,
D-53113 Bonn,
Tel. 0228 / 9 16 70
Schweiz:
Thunstr. 50, CH-3000 Bern 15,
Tel. 031 / 44 50 21-6
Österreich:
Jaurèsgasse 12, A-1030 Wien,
Tel. 01 / 7 13 15 75

Fährgesellschaften
Scandinavian Seaways, Van-der-Smissen-Str. 4, 22767 Hamburg, Tel. 040 / 3 89 03–71 Verbindungen: Hamburg – Newcastle / Hamburg – Harwich
North Sea Ferries, Postfach 1123, 3180 AC Rozenburg, Rotterdam, Holland, Tel. 0031-18 19-5 55 55 Verbindungen: Rotterdam – Hull / Zeebrügge – Hull
P&O European Ferries, Graf-Adolf-Str. 41, 40210 Düsseldorf, Tel. 02 11 / 38 70 60 Verbindungen: Rotterdam – Hull / Zeebrügge – Hull

Zentrale Informationsstellen
Deutschland und Österreich:
– British Tourist Authority,
  Taunusstr. 52–60,
  60329 Frankfurt,
  Tel. 069 / 2 38 07 11
  Fax: 069 / 2 38 07 17
Schweiz:
– British Tourist Authority,
  Limmatquai 78,
  CH-8001 Zürich,
  Tel. 01261 / 42 77
  Fax: 01251 / 44 56
In Schottland:
– Scottish Tourist Board,
  23 Ravelston Terrace,
  Edinburgh EH4 3EU,
  Tel. 0131 / 332 24 33
  Fax: 0131 / 343 15 13

Area Tourist Boards
Die Haupt-Informationsbüros sind ab 1996 gebietsweise nach District Councils gegliedert, so daß diese Area Tou-

rist Boards (regionale Fremdenverkehrsinformationen) die jeweiligen zentralen Informationsstellen sind. Da die Umorganisation bei Drucklegung des Buches noch nicht komplett abgeschlossen war, können vereinzelt noch Änderungen der Adressen auftreten beziehungsweise weitere hinzukommen.

Aberdeen & Grampian Tourist Board
North Silver Street
Aberdeen AB1 1RJ
Tel.: (0 12 24) 63 27 27

Argyll, the Isles, Loch Lomond,
Stirling & Trossachs Tourist Board
41 Dumbarton Road
Stirling FK8 2QQ
Tel.: (0 17 86) 47 50 19

Dumfries and Galloway Tourist Board
Campbell House,
Bankend Road
Dumfries DG1 4TH
Tel.: (0 13 87) 25 04 34

Angus & City of Dundee Tourist Board
c/o City Square
Dundee DD1 3BA
Tel.: (0 13 82) 43 46 64

Ayrshire & Arran Tourist Board
c/o Burns House,
Burns Statue Square
Ayr KA7 1UT
Tel.: (0 12 92) 28 86 88

Edinburgh & Lothians Tourist Board
4 Rothesay Terrace
Edinburgh EH3 7RY
Tel.: (0131) 5 57 17 00

Greater Glasgow & Clyde Valley Tourist Board
39 St. Vincent Place
Glasgow G 2ER
Tel.: (04 14) 2 04 44 00

Kingdom of Fife Tourist Board
Huntsman's House,
33 Cadham Centre
Glenrothes KY7 6RU
Tel.: (0 15 92) 62 10 00

Perthshire Tourist Board
Lower City Mills,
West Mill Street
Perth PH1 5QP
Tel.: (0 17 38) 62 79 58

Highlands of Scotland Tourist Board
c/o Aberdeen City Council
Town House
Aberdeen
Tel.: (0 12 24) 27 62 76

Scottish Borders Tourist Board
70 High Street
Selkirk TD7 4DD
Tel.: (0 18 35) 6 34 35/6 36 88

Wichtige Adressen

Danksagung

Für die engagierte und umfangreiche Unterstützung während der Entstehung dieses Buches möchte ich mich ganz besonders bedanken bei
Judith Sleigh vom Scottish Tourist Board in Edinburgh
und bei
Herrn Großhans von Scandinavian Seaways in Hamburg.

Register

Abbotsford House	24
Aberdeen	56
Aberfoyle	117
Alkohol	144
Angeln	137
Applecross	92
Autofahren	137
Ayrshire	130
Balnakeil Churchyard	81
Bannockburn	42
Bannockburn Heritage Center	43
Ben Eighe National Nature Reserve	89
Ben Nevis	105
Ben Slioch	89
Bettyhill	80
Big Sand	89
Bonnie Prince Charlie	68, 97
Borders	21
Bruce, Robert	42
Caerlaverock Castle	132
Cairn O'Mount	52
Caledonian Canal	71
Callander	114
Calton Hill	35, 36
Campingplätze	140
Cape Wrath	82
Carter Bar	21
Castle Trail	53
Cheviot Hills	21
Collieston	59
Corrieshalloch Gorge	88
Crail	45
Crathes Castle	53
Cromarty Firth	73
Crovie	61
Cuillin Hills	100
Culloden Field	68
Culross	44
Discovery	48
Dornoch	74
Dounreagh	79
Drumlanrig Castle	131
Dumfries	132
Dumfriesshire	130
Duncansby Stacks	78
Dundee	48
Dunnet Bay	79
Dunnet Head	79
Dunnottar Castle	54
Dunrobin Castle	75
Dunvegan Castle and Garden	101
Durness	80
Edinburgh	28
Edinburgh Castle	29
Eilean Donan Castle	104
Einkaufen	140
Einreise	141
Eintrittspreise	13
Elektrizität	141
Enard Bay	85
Essen	141
Fährüberfahrt	141
Falls of Fovers	71
Falls of Measach	88
Feiertage	142
Festival Fringe	37
Festtage	142
Filme	142
Findhorn	67
Firth of Forth	40
Forres	65
Fort Augustus	71
Fort William	105
Fort William Mallaig	107
Forvie National Nature Reserve	60
Fotografieren	142
Fraserburgh	60
Gardenstown	62
Geographie	18
Glamis Castle	49
Glasgow	119
Glen Coe	108
Glen Torridon	90
Glencoe	108

Register

Glenfiddich	63	Necropolis	126
Glenfinnan Monument	108	Neist Point	101
Golspie	74	Newcastle	19, 133
Great Glen	69	North Esk Gorge	52
Gretna Green	132	Öffnungszeiten	143
Haggis	113	Old Aberdeen	57
Hamilton	128	Old Man of Storr	96
Hebriden	94	Ortsnamen	144
Helsdale	76	Palace of the Holyroodhouse	33
Highland Games	111	Pass Bridge of Dye	52
Insel Skye	94	Pennan	61
Inveralligan	92	Pferderennen	128
Inverewe Gardens	89	Piping Centre	101
Inverfairigaig Forest Information Center	70	Poolewe	89
		Portree	94
Inverleithen	25	Princes Street	36
Inverness	69	Pubs	144
Inverpolly National Nature Reserve	84	Queen Elisabeth Forest Park	117
		Quirang	99
Jedburgh	22	Rannoch Moor	109
John O'Groats	77	Reisezeit	144
Kilt Rock	96	Rob Roy	114
Kully Khan Bay	61	Rob Roy and Trossachs Visitor Center	114
Kyle of Tongue	80		
Linlithgow Palace	40	Robert Burns Center	132
Loch Broom Valley	86	Robert Smail's Printing Works	25
Loch Coruisk	100	Sango Bay	81
Loch Eriboll	80	Sanquhar	130
Loch Katrin	114	Scott, Sir Walter	24
Loch Lee	52	Skye	94
Loch Lomond	117	Skye Heritage Center	96
Loch Maree	89	Skye Museum of Island Life	99
Loch Ness	69	Slattadale Forestry Park	89
Macbeth's Hill	66	Smailholm Tower	23
Macdonald, Flora	97	Smith, Adam	120
Maße	143	Smugglers Coast	60
Mealt Falls	97	Speyside Cooperage	65
Medizinische Versorgung	143	Sprache	17, 144
Melrose Abbey	23	St. Andrews	45
Melrose Motor Museum	24	St. Andrews Castle	46
Mieten eines Wohnmobils	10	Stac Pollaidh	84
Mietpreise	12	Stac Polly	85
Moorfoot Hills	26	Stirling Castle	43
Muchalls Castle	53	Storr	96
Munrobagging	90	Strath of Kildonan	76

Register

Stuart, Mary	41
Suenos Stone	65
Tartan	74
Tay Bridge	48
Telefonieren	145
Telefonnummern	145
Tentsmuir Forest	47
Thurso	79
Tiere	145
Timespan Heritage Center	76
Tolbooth	56
Treibstoff	13
Trinken	141
Trossachs	114
Übernachtung	13, 140
Ullapool	85
Urquhart Castle	71
Veranstaltungen	145
Währung	145
Watt, James	120
West Highland Line	106
Whisky	63
Wick	77
Wirtschaft	17
Zahlungsbedingungen	12

DRIVE & CAMP TRÄUME

Werner u. Susanne Schwanfelder
Mit dem Wohnmobil durch Ostdeutschland

Mecklenburg-Vorpommern und das nördliche Brandenburg
ISBN 3-7956-0232-7

Sachsen und das südliche Brandenburg
ISBN 3-7956-0230-0

Thüringen und Sachsen-Anhalt
ISBN 3-7956-0231-9

Werner K. Lahmann
Mit dem Wohnmobil durch Norwegen
Oslo, Bergen und die Fjorde
Von Trondheim ans Nordkap
ISBN 3-7956-0241-6

Michael Schweres-Fichtner und Ruth Fichtner
Mit dem Wohnmobil durch Südfrankreich
Provence, Camargue und Côte d'Azur
Languedoc-Roussillon und Cevennen
ISBN 3-7956-0242-4

FLY & CAMP TRÄUME

Werner K. Lahmann
Mit dem Wohnmobil von Boston nach Florida
ISBN 3-7956-0210-6

Werner K. Lahmann
Mit dem Wohnmobil durch Neuseeland
ISBN 3-7956-0213-0

Werner u. Susanne Schwanfelder
Mit dem Wohnmobil durch Australien
ISBN 3-7956-0220-3

Werner K. Lahmann
Mit dem Wohnmobil durch den Nordwesten der USA
ISBN 3-7956-0240-8

Werner K. Lahmann
Mit dem Wohnmobil durch den amerikanischen Westen
ISBN 3-7956-0203-3

Hans-Burkhard Garbe
Mit dem Wohnmobil durch den Westen Kanadas
ISBN 3-7956-0221-1

Werner K. Lahmann
Mit dem Wohnmobil durch Florida
ISBN 3-7956-0226-2

Werner K. Lahmann
Mit dem Wohnmobil durch den Südwesten der USA
ISBN 3-7956-0227-0

Hans-Burkhard Garbe
Mit dem Wohnmobil durch den Osten Kanadas
ISBN 3-7956-0239-4

Jeder Band DM 39,80, ÖS 295,-, SFR.38,60

Drei Brunnen Verlag · Stuttgart